Paul Berndt

Die Arbeitslosigkeit ihre Bekämpfung und Statistik

Paul Berndt

Die Arbeitslosigkeit ihre Bekämpfung und Statistik

ISBN/EAN: 9783743456358

Hergestellt in Europa, USA, Kanada, Australien, Japan

Cover: Foto ©Suzi / pixelio.de

Weitere Bücher finden Sie auf **www.hansebooks.com**

Die Arbeitslosigkeit

ihre

Bekämpfung und Statistik.

Inaugural-Dissertation

der hohen philosophischen Fakultät

der

Vereinigten Friedrichs-Universität Halle-Wittenberg

zur Erlangung der Doktorwürde vorgelegt

von

Paul Berndt

aus Köln.

Halle a./S. 1899.

MEINEM VATER

Einleitung.

Der Arbeitslosigkeit nach Kräften entgegenzuwirken, und, wenn dieses Ziel nicht erreicht wird, ihre oft geradezu erschreckenden Folgen nach Möglichkeit abzuwenden, ist eine Aufgabe, welche im Interesse eines gesunden, wirtschaftlichen Fortschrittes dringend der Lösung bedarf. — Unsere gesamte Produktion strebt in rastloser Hast nach immer weiterer Vervollkommnung; dadurch aber werden innerhalb des Erwerbslebens fortdauernd neue Verhältnisse geschaffen, die es den gesetzgebenden Faktoren zur unabweisbaren Pflicht machen, hier die von der Wissenschaft klargelegten, störenden Erscheinungen zu erkennen, und eine Reform dann nicht nur anzubahnen, sondern auch durchzuführen.

Ist es nun auch höchst bedeutsam, den vorhandenen socialpolitischen Gesetzen und ihrem weiteren Ausbau ein Hauptaugenmerk zuzuwenden, so dürfte daraus jedoch nicht die Consequenz*) gezogen werden, dass vor dieser „Riesenarbeit" etwaige neue Gesetze, welche das Wohl erheblicher Bevölkerungsmassen betreffen, völlig in den Hintergrund zu treten hätten. Ueberhaupt wird unsere Arbeiterversicherung erst dann nach allen Richtungen hin ihre segensreichen Wirkungen ausüben können, sobald der Arbeiter nicht mehr Gefahr läuft, durch Erwerbslosigkeit seinen Anspruch zu verlieren. Ebensowenig ist der Grund stichhaltig, dass sich eine baldige Verwirklichung des Problems der Arbeitslosen-

---

*) S. die ablehnende Antwort des Staatssekr. des Reichsamtes d. Innern in der Reichstagssitzung vom 10. Dez. 1897.

versicherung schon deshalb verbiete, weil die ganze Frage der Bekämpfung der Arbeitslosigkeit für weite Kreise noch zu neu und zu spröde sei.*) — Mag diese Behauptung noch vor einigen Jahren vielleicht begründet gewesen sein, so trifft sie doch heute, wo sich nicht nur Arbeiter und Fachpresse, sondern in sehr eingehender Weise auch unsere Wissenschaft mit der Angelegenheit beschäftigt haben, durchaus nicht mehr zu.

Weitaus wichtiger erscheint wohl der Einwand, welcher die nötigen Unterlagen einer Versicherung der Arbeiter und Angestellten gegen Erwerbslosigkeit bemängelt. Nun hat zwar im Jahre 1895 eine zweimalige Reichsarbeitslosenstatistik stattgefunden, aber man ist mit Recht unschlüssig eine Statistik, welche zur Zeit einer verhältnismässig sehr günstigen Conjunktur zusammengestellt wurde, als Grundlage für Gefahren-Wahrscheinlichkeitsberechnungen zu benutzen. Diese Thatsache dürfte jedoch durchaus nicht den Gesetzgeber abhalten, bis zu dem Augenblicke, wo eine allen Anforderungen entsprechende Statistik, falls eine solche überhaupt möglich ist, vorliegt, die sich bietenden Vorschläge kritisch zu würdigen und zunächst auf der Basis der vorhandenen Erfahrung**) den praktischen Versuch zur Lösung der Arbeitslosenfrage zu machen.

---

*) Jene Bedenken hat Wörishoffer; s.: Zeitschrift f. d. ges. Staatswissensch. 52. Jahrg. Heft 2. S. 267.

**) In demselben Sinne spricht sich auch G. Adler in der II. Aufl. d. Handwörterb. d. Staatswissensch. (herausg. v. J. Conrad, E. Loening und Lexis) aus. S. Seite 949. ff.:

„Dagegen muss vor der Anschauung gewarnt werden, als ob noch vor der Einrichtung einer Arbeitslosenversicherung statistische Erhebungen und dergleichen nötig wären. Wirklich genaue Zahlen — das liegt im Wesen der Arbeitslosigkeit — vermag keine Statistik zu liefern und den ungefähren Umfang der Arbeitslosigkeit kennt man bereits . . . . Wenn man vorsichtig rechnet, die sofortige Sammlung eines grösseren Reservefonds ins Auge fasst und Kautelen gegen den Missbrauch der Institution durch Parasiten anbringt, kann man's auf der Stelle mit der Einrichtung wagen!"

Wir erfreuen uns seit mehreren Jahren einer ziemlich günstigen Lage des Weltmarktes, und ebenso hat die winterliche Jahreszeit ihren Einfluss nicht immer so deutlich ausgeübt, dass eine grössere Not gewissermassen jedem einzelnen ad oculus demonstriert wurde; dennoch sollte wohl beachtet werden, dass bei einer nun etwa plötzlich eintretenden Krisis bei strengem Winter das Uebel der Arbeitslosigkeit um so furchtbarer und bedrohlicher erscheinen würde, und dann eine Einrichtung zur Versorgung der Arbeitslosen einen nicht hoch genug zu schätzenden Segen für die gesamte Volkswirtschaft zu bedeuten hätte.

Deshalb ist es auch lebhaft zu begrüssen, wenn gerade in neuester Zeit Wissenschaft und Presse die Frage mit aller Gründlichkeit besprochen haben. Mögen sich bei derartigen Erörterungen nun manche Vorschläge als unausführbar herausstellen, manche Ansichten und Urteile als einseitig oder sogar tendenziös bezeichnet werden und seien die Meinungen über die Bedeutung dieses oder jenes Projektes einer Arbeitslosenversicherung noch so geteilt, den einen sicheren Vorteil wird man doch gewinnen: die weitesten Kreise der Bevölkerung und besonders die in erster Linie massgebenden werden von einer immer tieferen Kenntnis der einschlägigen Verhältnisse durchdrungen werden. So wird auch jetzt noch Fernstehenden ein volleres Verständnis für die socialökonomische Bedeutung der Arbeitslosigkeit aufgehen.

Schon die Thatsache, dass die Sozialdemokratie sie als ein Hauptagitationsmittel benutzt, um die völlige Unzulänglichkeit der bestehenden kapitalistischen Produktionsweise darzuthun, sollte ein weiterer Beweggrund sein, ihr möglichst bald dieses Rüstzeug zu entwinden und nicht nur den guten Willen, sondern auch die Möglichkeit vor Augen führen, wie unter den jetzigen wirtschaftlichen Verhältnissen eine Versorgung der Arbeitslosen eintreten kann. Dann erst werden auch die kaiserlichen Erlasse vom 4. Februar 1890 ihre hohe Bestimmung erfüllt haben!

I. Abschnitt.
Geschichtliche Entwickelung und Ursachen der Arbeitslosigkeit.

Um das Wesen der Arbeitslosigkeit verstehen und würdigen zu können, erscheint es zweckmässig in kurzen Zügen auf ihre historische Entwickelung und ihre Bedeutung für die Gesellschaft, sowie ihre Ursachen einzugehen, um so mehr, als man hier oft genug anfechtbaren Ansichten begegnet. —

Auf primitiver Kulturstufe, wo die Produktion für den Selbstbedarf vorherrscht, wo der Mensch also für sich beschäftigt ist, wird es wohl höchst selten zu einer unverschuldeten Arbeitslosigkeit kommen; erst bei Durchführung der Produktion für den Verkauf wird ein Nachlassen der Absatzfähigkeit eine Menge Menschen in ihren einzelnen Berufen lahm legen können.

In den Zeiten des griechischen Altertums*) bedeutete naturgemäss zunächst die Arbeitslosigkeit dasselbe wie Müssiggängerei, sogar ein Verbrechen, welches Drakon mit dem Tode bestraft. Einen völligen Umschwung der bestehenden Verhältnisse ruft aber im 7. Jahrhundert die Einführung der Geldwirtschaft, mit der die Entwertung des Grund und Bodens und damit der Verfall der Landwirtschaft Hand in Hand ging,

---

*) Als Material wurden benutzt: Die treffliche Abhandlung von E. Meyer, „Die wirtschaftliche Entwickelung des Altertums" Jena 1895. Dann die Darstellung der Arbeitslosigkeit i. Handwörterb. d. Staatsw. von G. Adler. Die von demselben Verfasser herausgeg. Schrift: „Die Sozialreform im Altertum" Jena 1897 giebt zwar eine übersichtliche auf authentischen Quellen beruhende Erörterung der Reformen, dagegen recht wenig Material über die Ursachen der Arbeitslosigkeit.

hervor.*) Es giebt nun unverschuldet arbeitslos gewordene Landwirte, welche in die Stadt strömen, um dort eine Beschäftigung zu finden, wozu schliesslich noch die Menge derjenigen kommt, die durch Verwüstung ihrer Ländereien infolge unglücklicher Kriege an den Bettelstab gebracht wurden. In der Stadt**) jedoch hatte die Entwickelung von Handel und Gewerbe schon frühe eine weitgehende Arbeitsteilung hervorgerufen und einen freien Handwerker- und Arbeiterstand gebildet.***) So geschah es, dass bei übergrossem Angebot Arbeitslosigkeit entstand, und es ist danach wirklich ein Fehlschluss, wenn G. Adler †) die Ursache jener Erscheinung aus der Anschauung folgert, der freie Mann hätte die Beschäftigung mit gemeiner Handarbeit, die ihm Verdienst sichern konnte, für unwürdig gehalten, weil sie eine Sache der Sklaven sei. Damit wird rundweg der Stand der freien Arbeiter geleugnet, was jedoch nach den sehr eingehenden Forschungen E. Meyers durchaus nicht aufrecht erhalten werden kann.††) Es ist übrigens ganz natürlich, dass Handarbeit nicht besonders angesehen war. „Die moderne Zeit denkt darin gar nicht

---

*) S. auch G. Adler „Die soz. Reform im Altertum" S. 18: „Den letzten Stoss aber gab dem kleinen Bauern die im 7. Jahrhundert stattfindende ökonomische Umwälzung. Der damals eben zu mächtigem Aufschwung gelangte Seehandel vermittelte die Einfuhr billigen Getreides aus den pontischen, sizilischen und südital. Gebieten; gleichzeitig bahnte sich rasch der Uebergang von der Natural- zur Geldwirtschaft an, wodurch an Stelle des beschränkt-lokalen Marktes mit seinem primitiven Tauschhandel und seinen stabilen Wertverhältnissen ein grösseres Marktgebiet mit je nach dem Maasse der Zufuhr wechselnden Geldpreisen geschaffen wurde."

**) Es sind auch hier die griechischen Zustände ins Auge gefasst, da sie für das ganze Altertum ziemlich typisch sind.

***) Hierhin gehören z. B. Schneider, Barbiere, Müllerknechte, Salbenhändler, Handlanger und Bauarbeiter.

†) S. Artikel Arbeitslosigkeit i. Handw. d. Staatsw.

††) In seiner Schrift „Die Sozialreform i. Altertum" geht Adler nicht näher auf die Frage ein. Dagegen bestätigt er indirect die Untersuchungen E. Meyers z. B. durch den Hinweis auf die reformatorische Thätigkeit Perianders. S. 36: .. „ja er soll sogar den Erwerb von Sklaven untersagt haben, offenbar um den bürgerlichen Handwerker vor der Konkurrenz der Grossbetriebe mit Sklavenarbeit zu schützen."

anders wie das Altertum, der rechtliche Unterschied ist hier wie dort durch die Demokratie beseitigt, aber die soziale Kluft zwischen den Grundbesitzern, den Angehörigen der höheren sogenannten freien Berufsarten und den Subalternen, Handwerkern und Arbeitern ist genau so gross wie im Altertum."*) Die damaligen staatlichen Gegenmassregeln**) bestanden meist in der Ansiedelung der Arbeitslosen, in Massenspeisungen, Zahlungen für den Besuch der Volksversammlungen, Gerichte und Theater; ebenso dienten zahlreiche Bauten der hellenischen Glanzzeiten in der Hauptsache dazu, die Menge der Arbeitslosen zu beschäftigen oder zu versorgen.***)

---

*) S. E. Meyer a. a. O. S. 34. Bezeichnend ist ein von G. Adler a. a. O. S. 37 angegebenes Citat Herodots: „.. während sonst Barbaren wie Griechen mit Geringschätzung auf die Handwerker herabblicken, allen voran die Lazedämonier, werden in Korinth die Handwerker am wenigsten verachtet."

**) Ueber Periander (ca. 630) in Korinth berichtet G. Adler a. a. O. S. 36: „In der inneren Politik war sein Bestreben darauf gerichtet . . . die Ueberfüllung der Hauptstadt mit einem arbeitslosen und daher unruhigen Haufen zu verhindern. Er verbot die Uebersiedelung nach der Stadt, schaffte die überzählige Bevölkerung nach neubegründeten Kolonien, unternahm prachtvolle Tempel- und andere Bauten und dachte daran, den Isthmus zu durchstechen . . . ."
Pisitratus schaffte nach Theophrast die Arbeitslosen von Athen aufs Land, wo sie als kleine Bauern ein Unterkommen finden sollten. G. Adler a. a. O. S. 33.

***) Wie Perikles der Arbeitslosigkeit vorzubeugen wusste, erzählt uns Plutarch: „Perikles stellte nun dem Volke vor, man müsste den Ueberfluss auf solche Dinge wenden, von denen man sich für die Zukunft unsterblichen Ruhm, für jetzt aber allgemeine Wohlhabenheit versprechen könnte, weil dabei mancherlei Arbeiten und Geschäfte aufkämen, die jede Kunst erwecken, allen Händen zu thun geben und so fast die ganze Stadt in Verdienst setzen würden. Denjenigen nämlich, welche die erforderlichen Jahre und Kräfte hatten, verschaffte wohl der Kriegsdienst ihren reichlichen Unterhalt aus der Schatzkammer; allein Perikles wollte, dass die anderen Bürger und Handwerker weder von diesem Verdienste ausgeschlossen seien noch ihn ohne Arbeit im Müssiggange erhalten sollten, und gab nun durch Aufführung grosser und ansehnlicher Gebäude dem Volke alle Hände voll zu thun. Die erforderlichen Materialien waren Steine, Erz, Elfenbein, Gold, Eben- und und Zypressenholz. Zu deren Bearbeitung gehörten Künstler, wie

Die römischen Verhältnisse sind ziemlich gleichartig, sodass wir an dieser Stelle nicht näher darauf einzugehen brauchen.

Nach der Völkerwanderung tritt eine Reaktion ein; das Land ist im Vergleiche zur Bevölkerung noch zu ergiebig und das Gewerbe im allgemeinen noch zu unbedeutend. In wenigen Jahrhunderten aber deckte die starke Volksvermehrung den Bedarf an Arbeitskräften und bald stellte sich sogar ein Ueberschuss des Angebotes über die Nachfrage ein. Im Grossen und Ganzen indessen bewährten sich hier die Zünfte des Mittelalters, welchen es bei den ziemlich gleichmässigen Marktverhältnissen jener Zeit nicht sehr schwer fallen konnte für ihre Mitglieder, allerdings auch nur für diese, zu sorgen.*) So konnte in der That schon aus diesem Grunde**) damals die Arbeitslosigkeit für Deutschland niemals zu einer wirtschaftlichen Kalamität, zu einer sozialen Bedeutung heranwachsen.

Damit soll jedoch nicht in Abrede gestellt werden, dass die Zunftverfassung als solche nicht auch zugleich die Ursache mancher Uebelstände war und gerade beim Ausgang des Mittelalters ihre Schattenseiten nur zu deutlich in die Erscheinung traten.

Zimmerleute, Bildhauer, Kupferschmiede, Steinmetzen, Färber, Goldarbeiter, Elfenbeindreher, Maler, Sticker und Drechsler; sie zu holen und herbeizuschaffen, brauchte man zur See Kaufleute, Matrosen und Steuermänner, zu Lande Wagner, Anspanner, Fuhrleute, Seiler, Leinweber, Riemer, Wegebereiter und Bergleute. Jede Kunst hatte noch wie ein Feldherr, ein eigenes Heer von gemeinen Leuten aus der unteren Volksklasse unter sich, die bei der Arbeit als Handlanger dienten. Auf diese Weise konnten die mancherlei Verrichtungen sozusagen über jedes Alter und jeden Stand reichlichen Gewinn verbreiten und ausstreuen." G. Adler a. a. O. S. 45.

*) Es ist nicht beabsichtigt auf das privileg. Bettelwesen und die theol.-ökon. Anschauungen des Mittelalters, sowie ihre Kritik durch Luther einzugehen, da wir es da nicht mit einer eigentlichen unverschuldeten Arbeitslosigkeit zu thun haben. S. übrigens die Ausführungen von Ward „die national-ökon. Ansichten Luthers." Jena 1898.

**) S. S. 10 Anm. 2.

Die Möglichkeit, seine Arbeitskraft zu bethätigen, war eben angetastet. wenn der Staat es jedem Handwerker zur Pflicht machte, sich vor selbständiger Eröffnung eines Betriebes einer bestehenden Korporation anzuschliessen. Die Sicherheit sich ernähren zu können aber war mit dem Zunftzwange nicht im geringsten gegeben; denn seine praktische Handhabung zeitigte viele Meister, denen es an Geschicklichkeit, an Fleiss und Kapital fehlte und die deshalb nicht vorwärts kamen.*)**)

„So stellte sich bei näherer Betrachtung des Zunftwesens heraus, dass es die Vorteile nicht mehr bot, die man ihm früher nachrühmen konnte. Es gab dem Einzelnen zu viel, um ihn dem Untergange zu weihen, aber zu wenig um ordentlich leben zu können und der gesunkene Wohlstand der Städte konnte für das Handwerk kaum in Abrede gestellt werden."***)

Nur die Gleichförmigkeit der Produktion liess im Mittelalter noch nicht die Frage der Arbeitslosigkeit zu einer wirklich brennenden werden.

Wie ganz anders in der modernen Zeit mit ihrer folgenschweren Produktionsgestaltung und der immer rapider verlaufenden Volksvermehrung. Vergebens suchten diejenigen, welche die Lehren der Physiokraten und eines Ad. Smith in die That umsetzten, ein Heilmittel, indem sie jegliche Zoll- und Gewerbeschranken verwarfen; das Gespenst der Arbeits-

---

*) S. hierzu W. Stieda: Handw. d. Staatsw.: Zunftwesen.

**) Wie schon oben gesagt, sicherte die Zunftverfassung „eine dauernde Existenz nur jenen Elementen, die Solidität und Fügsamkeit genug besassen, um es in der harten Schule und unter den strengen Reglements des Zunftwesens auszuhalten. Die sicherlich nicht geringe Zahl derjenigen, welche über Bord gingen, stand nicht blos ohne jeden schützenden Anhalt da, sondern war in der Regel der Möglichkeit sich gewerblich zu bethätigen beraubt. Sie fielen meist als Landstreicher der nicht viel Federlesens machenden Gesetzgebung zum Opfer."
G. Adler: Handw. d. Staatsw. II. A. I. Bd. S. 921.

***) W. Stieda a. a. O. S. 893.

losigkeit wurde immer drohender.*) — Damals beabsichtigte man auch dem Staate die Gesamtlast aufzubürden, als man die Forderung eines Rechtes auf Arbeit stellte. Einem derartigen Ansinnen, welches auch heute noch oft genug von sozialdemokratischer Seite ausgesprochen wird, gegenüber ist sehr richtig darauf hingewiesen worden, dass die Einführung eines Rechtes auf Arbeit**) völlig unmöglich ist in einem Staatswesen mit individualistischer Wirtschaftsordnung, d. h. mit Privateigentum und freier Konkurrenz.***) „Massregeln gegen die Arbeitslosigkeit werden zwar nicht das Recht auf Arbeit verwirklichen, wohl aber die grosse Masse der industriellen Reservearmee in die Reihen der kaufkräftigen, am Güterleben der Nation beteiligten Konsumenten versetzen."†) Schlagend hat auch Prochownik††) nachgewiesen, dass selbst der humanste Standpunkt keinen einzigen Grund für die Gewährung des Rechtes auf Arbeit bietet.†††) Schaeffle bemerkt zu der ganzen Angelegenheit sehr treffend,*†) dass das Höchste, was an Freiheit und Gleichheit hier erreicht werden kann, das Recht ist, jederzeit die eigenen Kräfte unter gleichen Bedingungen wie andere zu verwenden; ein Recht, welches besten Falls auch nur annähernd verwirklicht wird.

---

*) In England bietet sich schon unter Heinr. VIII. (1509—1547) ein eklatantes Beispiel der Wirkung einer Produktionsverschiebung. Durch das Steigen der Tuchpreise wurde man nämlich veranlasst vom Landbau zur Schafzucht überzugehen, womit eine ganz erhebliche Personaleinschränkung verbunden war. So wurden ca. 50 000 Bauern arbeitslos, die teils in England zu Grunde gingen oder aber, um nicht der Gesamtheit zur Last zu fallen bezw. für ihre Bettelei — aufgehängt wurden. G. Adler. Art. Arbeitslosigkeit i.: Handwört. d. Staatswiss.
**) Target, franz. Advokat, gest. 1806 hat jenes „Recht" zuerst erklärt. S. Prochownik, „Das angebliche Recht auf Arbeit" S. 38. Berlin 1891.
***) Singer: „Das Recht auf Arbeit." Jena 1895.
†) Singer a. a. O. S. 84.
††) Prochownik a. a. O. S. 113.
†††) Eine recht eingehende Widerlegung findet sich auch in dem bekannten Werke von K. Diehl über Proudhon. S.: Proudhon, III. Teil, Jena 1896, S. 52—59.
*†) Schaeffle: „Bau und Leben" II. Teil, S. 149.

Wenden wir uns jedoch nach dieser Abschweifung wieder zur kritischen Betrachtung der Ursachen der Arbeitslosigkeit.*) Die Einführung des Maschinenbetriebes und damit die Ausbreitung der Grossindustrie bildet naturgemäss einen gewichtigen Faktor zur Beurteilung unserer Frage, aber meines Erachtens hat man jenes Moment zu sehr in den Vordergrund geschoben.**) Denn es ist doch offenbar, dass, nachdem einmal die Maschine sich den Erdkreis erobert hatte, neue Produktionszweige aufkamen und alte in nie geahntem Umfange ausgedehnt wurden. Das erforderte nun wiederum eine bedeutende Steigerung der Zahl der zu Beschäftigenden, sodass auf diese Weise die immerhin misslichen Folgen der Uebergangszeit ziemlich ausgeglichen werden. Nun kommt aber der kritische Punkt, der durchaus nicht die Beachtung gefunden hat, die er verdient; der Fabrikbetrieb bietet durchschnittlich bei geringsten Vorkenntnissen schon dem jugendlichen Arbeiter einen verhältnismässig hohen Lohn, oft mit 20 Jahren den Maximallohn für das ganze Leben.***) Was ist da die Folge? Es findet, besonders bei günstiger Konjunktur ein meist geradezu wirtschaftlich unvernünftiger Andrang bei einzelnen Gewerbszweigen statt. Schlägt nun die günstige Lage um, so sind oft Tausende der Arbeitslosigkeit mit all' ihren traurigen Folgen preisgegeben. Durch jene Art und Weise der Lohnzahlung treten, — und das verdient als ursächliches Moment wohl beachtet zu werden — die älteren Arbeiter nicht etwa mit Altersgenossen sondern auch mit ihren jüngeren und oft jüngsten Genossen in Wettbewerb. Fände dagegen eine gewisse allmähliche Lohnsteigerung statt, so würde naturgemäss eine Verteilung des Andranges auf die

---

*) Es soll hier nicht eine sog. „Theorie" der Arbeitslosigkeit und ihrer Ursachen dargeboten werden, da eine Arbeit von J. Schikowsky: „Ueber Arbeitslosigkeit und Arbeitslosenstatistik" Leipzig 1895, sich hinlänglich mit derartigen fruchtlosen Erörterungen befasst hat.
**) So z. B. G. Adler i. Handw. d. Staatsw. Art.: Arbeitslosigkeit.
***) Es ist bis jetzt in der Litteratur auf diese Erscheinung noch nicht hingewiesen worden. Der Verf. trat der Frage auf Grund einer persönlichen Remeniszenz aus der Vorlesung Conrads „die soz. Frage" näher.

verschiedenen Altersklassen und damit auch eine geordnetere Bewegung des gesamten Arbeitsmarktes eintreten.

Damit bleibt nichtsdestoweniger die wirtschaftliche Lage des Arbeiters noch immer recht unbeständig. Haben heute tausende von Arbeitern mit Mühe und Not einen Erwerb gefunden, so können sie schon nach wenigen Wochen wiederum dem Elend und seinen dezimierenden Wirkungen überantwortet sein. Die Ursache liegt in den Absatzstockungen, den Krisen. Die packenden Schilderungen eines Rodbertus*) treffen auch heute noch das Richtige: „Die äusserlichen Kennzeichen dieser wirtschaftlichen Weltplagen sind unschwer zu fassen. Eine plötzliche Stockung des eben noch so blühenden Absatzes in den Hauptzweigen der Industrie, die sich bald auch allen übrigen Gewerben mitteilt; ein rasches Sinken aller Warenpreise, die noch vor Kurzem so lohnend waren; eine bis zur Entwertung gehende Wertverringerung des produktiven Vermögens; eine fast allgemeine Unmöglichkeit, eingegangenen Verpflichtungen nachzukommen; zahllose Bankerotte oder Zahlungseinstellungen; zeit- oder teilweise Beschränkung oder Einstellung der Produktion: Brotlosigkeit von Tausenden von Arbeitern — das sind die in rascher Folge und Wechselwirkung sich äussernden Symptome von Erscheinungen, die das Kapital dezimieren und dem Arbeiter auch noch seine Lumpen rauben." Und an einer anderen Stelle**): „Wenn dann am Ende solcher Vernichtungsscenen die Nationalökonomie ihre Toten zählt, so rechnet sie den Ruin der Kapitalisten nach Millionen Werten und den der Arbeiter nach tausend und über tausend Familien, die sich niemals wieder in ihren Kellern und unter ihren Dächern aus ihrem Elende aufzuraffen vermögen." —

Ueber die Grundbedingungen solcher Krisen herrschen die verschiedensten Auffassungen. Als das zweckmässigste erscheint es wohl, die Krisentheorien nach ihrer allgemeinen

---

*) S. Rodbertus, I. und III. sozialer Brief an v. Kirchmann. Herausgeg. unter dem Titel: „Zur Beleuchtung der sozialen Frage" von Ad. Wagner und Th. Kozak, Berlin 1885, S. 106.
**) Rodbertus a. a. O. S. 110.

Verwandtschaft in grössere Gruppen zu vereinigen,*) wie das auch von Seiten v. Bergmanns in seinem bekannten Buche: „Geschichte der nationalökonomischen Krisentheorien"*) geschieht. Eine erste Gruppe umfassen die Vertreter der einfachen Ueberproduktionstheorie (Landesdale, Spence, Ronald), eine zweite diejenigen, welche die notwendige Uebereinstimmung vom Gesamtumfange der Produktion und Gesamtumfange der Nachfrage zur Vermeidung von Krisen betonen (Turgot, J. B. Say, James Mill, Bastiat, Carrey). Die Konflikte zwischen Reichtums-, Volks- und Einkommensvermehrung haben vor allem Sismondi und Malthus zum Gegenstand ihrer Untersuchungen gemacht. Andere dagegen erklärten die Krisen aus den Produktionsverhältnissen, insbesondere aus einer Verminderung des umlaufenden Kapitals (J. Stuart Mill, H. v. Mangoldt, Max Wirth, Leroy-Beaulieu, Julius Wolf). Mehrere namhafte Nationalökonomen erblicken auch in den Verhältnissen sowohl der Produktion, als auch besonders der Verteilung und der Konsumtion den Nährboden für allgemeine Krisen (Rau, Roscher, Nake, Brentano). Endlich sucht man noch eine Erklärung in dem durch die Güterverteilung bedingten Missverhältnis zwischen Produktion und Konsumtion bezw. Kaufkraft der Gesellschaft (Godwin, Proudhon, Rodbertus, Flürscheim, Hertzka), sowie in der gegenwärtigen Organisation der Volkswirtschaft, insbesondere der kapitalistischen Gestaltung der Produktion zu finden. (Sismondi, Louis Blanc, Henry George, Marx, Schäffle, Wagner, Herkner).

Welches auch in besonderen Fällen die Grund-Ursachen der Krisen sein mögen, das eine steht fest, alles, was die gewohnte Ordnung der Produktion, der Konsumtion, der Verteilung, der Verkehrs-, Geld- oder Kreditverhältnisse erschüttert, ja überhaupt nur zu verändern vermag, kann zur Krise Anlass geben. Auf eine andere, vielleicht noch gefährlichere Form der Krisen, die sogenannten „schleichenden",

---

*) S. Geschichte der nationalökonomischen Krisentheorieen von E. v. Bergmann, Stuttgart 1895.

macht G. Adler aufmerksam. Er weist darauf hin, wie die technisch weniger vollkommene Betriebsart unproduktiv wird und die Arbeiter nur zum Teil von den aus dem Konkurrenzkampfe siegreich hervorgehenden Betrieben übernommen werden. „Eine ähnliche Gefahr der schleichenden Krise liegt auch für alle Exportindustrien vor, wenn die Möglichkeit sich realisiert, dass die fremdländische Konkurrenz erstarkt."*)**)
Der Fortschritt der Technik kann sich nach zwei verschiedenen Richtungen äussern; entweder wird der Arbeiter durch Vervollkommnung des Maschinenbetriebes direkt arbeitslos, weil er mechanisch ersetzt wurde, oder aber es hält ihn eine mangelhafte Ausbildung ab, den Bedürfnissen seiner Zeit zu entsprechen. So würde die Einführung des Zweistuhlsystems in Aachen von 1000 Webern 400 brotlos gemacht haben.***) Viel Arbeitslosigkeit†) würde aber verschwinden, wenn an die Ausbildung der Arbeiter und Handwerker höhere††) Anforderungen gestellt würden; nicht zuletzt dürfte auf eine grössere Vielseitigkeit Rücksicht zu nehmen sein. Diese Forderung stellt sich mit um so gebieterischerer Notwendigkeit heraus, je mehr die Arbeitsteilung zur Durchführung

---

*) S. G. Adler i. Handwörterbuch der Staatswissenschaften (v. J. Conrad, Elster, Lexis u. Löning) II. Auflage Jena 1898, I. Band S. 924.

**) S. hierzu auch Anmerkung S. 23, A. 1.

***) S. Soziale Praxis v. 15. Oktober 1895 S. 63.

†) Auf dieses Moment der mangelhaften Ausbildung weist auch Schanz hin. S.: Neue Beiträge zur Arbeitslosenversicherung. Berlin 1897 S. 16.

††) Auf dem VII. evang.-soz. Kongress erwähnte Pfarrer Naumann Folgendes:
„In Frankfurt ist dauernd Mangel an Schuhmachern und Schneidern und zugleich herrscht dauernd Arbeitslosigkeit in grossem Massstabe unter den kleinen Schuhmachern und Schneidern. Wie reimt sich das zusammen? Es fehlt an Leuten, welche die moderne Technik genügend gelernt haben, um für das heutige Bedürfnis die Kleider und Schuhe zu machen. Es ist ein Ueberfluss von Leuten vorhanden, die nach väterlicher Weise gelehrt worden sind, diese Dinge zu machen." Bericht S. 127. Nach einem Citat von Schanz, „Neue Beiträge u. s. w." a. a. O., S. 15.

gelangt.*) Hier können praktisch geleitete Fortbildungsschulen für die jüngeren Arbeiter, wenn sie nicht allein die Lehrlingszeit umfassen, von grossem Vorteil sein; es müsste in erster Linie auf eine möglichst universale, gewerbliche Ausbildung Wert gelegt werden, damit dem Arbeiter im Notfalle das „Umlernen" nicht gar zu schwer wird.

Der schon an und für sich sehr beklagenswerte, wirtschaftlich unvernünftige, übermässige Andrang zum Grossbetriebe erfährt durch den immer mehr anschwellenden Zug des Landvolkes nach der Stadt eine oft bedrohliche Ausdehnung. So werden denn zwei Uebel zu gleicher Zeit sich höchst unangenehm fühlbar machen. In der Stadt sinken infolge des übergrossen Angebotes die Löhne, die Gefahr, arbeitslos zu werden, steigert sich, und auf der anderen Seite wird das Land von den notwendigsten Arbeitskräften entblösst. Hier heisst es, die Landwirtschaft leistungsfähiger zu machen, dass sie im Stande ist, die ländlichen Arbeiter genügend bezahlen zu können und die Verlockung des Fortzuges derselben in die grösseren Städte zur industriellen Arbeit zu vermindern.**) Denn mit der beständigen Begünstigung der industriellen Entwickelung, mit der Notwendigkeit einer starken Steigerung des Exportes und des Importes von Nahrungsmitteln und Rohstoffen, wo dann alles den Schwankungen des Weltverkehres, den wechselnden Konjunkturen und Spekulationen unterliegt, kommen wir immer mehr in wirtschaftliche und soziale Zustände hinein, welche uns diese Heeresmassen von Arbeitslosen, von Stromern, versinkenden und schon versunkenen, ursprünglich Arbeitswilligen und Arbeitsfähigen hervorrufen! Dass diese trüben Erscheinungen manches von ihrer Tragweite einbüssen würden, wenn wenigstens der

---

*) Die Arbeitsteilung erschwert den durch Konjunkturschwankungen oft gebotenen Berufswechsel ungemein. Ueber die Häufigkeit desselben sei auch auf die Dresdener Statistik der Arbeitslosen (von Dr. Würzburger aufgestellt) hingewiesen. Im Dezember waren dort $^{1}/_{3}$ derselben nicht im erlernten Berufe beschäftigt.

**) S. hierzu Ad. Wagner in der Vorrede zu C. Liebig: „Obdachlos", Berlin 1895.

Landarbeiter sesshafter gemacht würde, liegt klar auf der Hand. Welche Mittel zur Abhilfe bieten sich? Eine gesetzliche*) Einwirkung auf die Lohnhöhe ist ausgeschlossen. Ob überhaupt höhere Löhne allein hinreichen, ist mindestens zweifelhaft, ganz abgesehen von dem Umstande, dass die Landwirtschaft wegen der Ungunst der geschäftlichen Konjunktur eine Mehrbelastung des Ausgabekontos eigentlich am allerwenigsten verträgt.**) Dabei darf aber nicht ausser Acht gelassen werden, dass mit den Löhnen natur- und erfahrungsgemäss auch die Leistung wachsen würde; es wird also nicht eine Verteuerung der Arbeitsleistung eintreten, da diese sicherlich mit den Löhnen erhöht würde, sodass auch die Arbeitgeber Vorteil davon haben.***) Immerhin setzt aber eine Lohnerhöhung wenigstens für den Anfang eine gewisse Leistungsfähigkeit der landwirtschaftlichen Arbeitgeber voraus.

Es liegt jedoch um so weniger Grund vor, hier auf die bedeutsame Frage, wie denn die Landwirtschaft auf eine höhere Stufe der Produktivität zu bringen sei, einzugehen, als auch unter den heute vorliegenden Verhältnissen ohne direkte Lohnerhöhung das wünschenswerte Ziel vielleicht zu erreichen ist.†)

Das Recht der Freizügigkeit und der freien Berufswahl darf selbstverständlich den Landbewohnern nie und nimmer verkümmert werden; wie denn jede Ordnung, welche die ländlichen Arbeiter im Verhältnis zu den im Gewerbe Beschäftigten in Nachteil versetzte, sich schon deshalb verbietet, weil damit dem Abströmen vom flachen Lande lediglich Vorschub geleistet würde.††)

---

*) S. hierzu A. Buchenberger, Agrarpolitik, Berlin 1897, S. 170.
**) S. Buchenberger a. a. O., S. 163.
***) S. auch die Ausführungen Dr. M. Hirschs i. d. Schriften des Verbandes deutscher Arbeitsnachweise. Berlin 1899. S. 52.
†) Nach v. d. Goltz fehlt es an jedem Mittel zur Abhülfe. S. v. d. Goltz: „Die ländliche Arbeiterklasse und der preussische Staat." Jena 1893. S. 148.
††) S. Buchenberger, a. a. O. S. 170.

So kann ein wirksames Heilmittel nur in solchen Massnahmen erblickt werden, welche geeignet sind, die „landflüchtigen Elemente" mit grösserer Anhänglichkeit an den Boden der Heimat zu erfüllen, d. h. in der Ansässigmachung dieser Elemente in **Bauernkolonien**. „Es muss die thatsächliche und rechtliche Möglichkeit des Landerwerbes auch gegenüber den kleinen und kleinsten Leuten gegeben sein*.) Dort, wo ein derartiges Verfahren Schwierigkeiten bereitet, liesse sich wohl in der **Arbeiterpacht****) ein nicht zu unterschätzender Ersatz finden. Endlich soll nicht übersehen werden, dass es auch der Gutsbesitzer selbst bezw. seine Beamten oft in der Hand haben, durch die richtige **persönliche Stellung** zu ihren Leuten, ein dauerhaftes Verhältnis zwischen Arbeitern und Gutsherrschaft zu begründen.***)

Für eine besondere Art der Beschäftigungslosigkeit hat man den Namen „Saisonarbeitslosigkeit" sehr treffend gewählt. Es ist darunter die Arbeitslosigkeit zu verstehen, welche sich aus der besonderen Beschaffenheit des Gewerbes herleitet. Obgleich sie also ziemlich genau vorausgesehen werden und auch die Löhnung in den Saisongewerben meist hoch genannt werden kann, nimmt sie dennoch oft genug einen beunruhigenden Charakter an, weil einerseits der Arbeiter es bedauerlicherweise nicht versteht, mit seinem Einkommen ökonomisch zu wirtschaften, aber andererseits auch gerade in manchen dieser Gewerbe, z. B. bei Bauarbeiten, dem Unwesen der Spekulation sehr leicht Thür und Thor geöffnet werden. Das letztere Moment wird um so mehr in den Vordergrund treten, wenn eine rapide Volksvermehrung zu massenhaften Wohnungsbauten z. B. Anlass giebt, wo dann eine Stockung durch

---

*) S. auch die betreffenden Ausführungen Buchenbergers a. a. o., S. 167 u. S. 170.

**) S. hierzu die näheren Erklärungen in: K. Kaerger: „Die Arbeiterpacht, ein Mittel zur Lösung der ländlichen Arbeiterfrage", Berlin 1893. S. 201—207.

***) Alle Beachtung verdienen die sich in diesem Sinne aussprechenden Vorschläge G. Stiegers in: „Zur Landarbeiterfrage" in der Festschrift zu Ehren J. Conrads, Jena 1898. S. 460 u. 461.

Kreditschwierigkeiten von den übelsten Folgen begleitet sein dürfte.*) Eine solche Arbeitslosigkeit muss auf die Zeit der regelmässigen Beschäftigungslosigkeit um so härter einwirken, da nunmehr selbst solche, die den guten Willen haben, einen Spargroschen für den Notfall zurückzulegen, dazu ausser stande sind.**)

Zu feineren Winterarbeiten sind die im Sommer beschäftigten Arbeiter in der Regel nicht qualifiziert. So vermehren sie dann notwendigerweise die Masse der am Orte befindlichen Arbeitslosen.***)

Es wäre jedoch verfehlt, wollte man die Arbeitslosigkeit als eine nur für die grosse Masse der Arbeiter bedrohliche Erscheinung auffassen. Auch die sogenannten freien Berufe werden mehr oder minder in Mitleidenschaft gezogen, wenn sich allerdings hier die Arbeitslosigkeit auch oft genug unter einer glänzenden Hülle verbirgt.

In grellen Farben hat man das Elend des arbeitslos gewordenen Fabrikarbeiters geschildert, aber wie viel furchtbarer ist dagegen noch das Los des nach Brot ringenden „geistigen Proletariers", der meist bessere Tage gesehen und dessen Kräfte zu niederen Arbeiten nie gestählt wurden.

---

*) Ein beredtes Beispiel giebt G. Mayer i. d. Sozialen Praxis No. 16 v. 20. Januar 1898, indem er die Verhältnisse in Amsterdam beleuchtet: „Im Winter 1896/97 geschah es, dass die Arbeitslosigkeit einen bedrohlichen und aller privaten Bemühungen spottenden Umfang annahm. Die Ursache lag in der nach langer Blütezeit eingetretenen Stockung der Bauthätigkeit. Die Nachfrage nach Wohnungen war vorläufig befriedigt. Die Hypothekenbanken fingen an, den Bauunternehmern gegenüber schwieriger zu werden und dazu kam noch endlich, dass die Stadt seit 1896 Grund und Boden nur noch in Erbpacht ausgab, wodurch natürlich der Bauspekulation das Handwerk wesentlich erschwert war. Die grossen Arbeitermassen, die in den voraufgehenden 18—20 Jahren in die Hauptstadt gezogen waren, sahen sich plötzlich ohne Arbeit und Brot!"

**) Ausser Betracht kommen natürlich die sog. „Campagne-Industrien", wo selbstverständlich die Arbeiter infolge der kurzen Campagne für die übrige Zeit einem anderen Berufe obliegen (z. B. bei der Zucker- und Branntwein-Industrie).

***) S. hierzu auch: Ed. v. Hartmann „Vorübergehende Arbeitslosigkeit in der „Zukunft" III. Bd. Nr. 27, S. 13 f.

So konnte sich das Schlagwort vom „gebildeten Proletariat"*) herausbilden, welches sich zusammensetzt aus denjenigen Angehörigen der gebildeten Stände, welche entweder in ihrem Berufe, sei es mit oder ohne eigene Schuld, gescheitert sind, oder aber, denen es bei der herrschenden geistigen Ueberproduktion nicht gelang, einen Platz in der Gesellschaft zu finden.

Viele dieser Personen nun werden — und darin liegt ein hochwichtiges sozialökonomisches Moment —, um überhaupt einen Halt zu finden, stets gerne bereit sein, sich umstürzlerischen Elementen in die Arme zu werfen, und bei ihrer durch den rauhen Kampf um die Existenz noch geschärften Intelligenz sind sie als journalistische oder agitatorische Leiter für die Bearbeitung der grossen Massen von hohem Werte.

Man braucht jedoch nicht so weit zu gehen; schon die immer grösseren Umfang annehmende Ansammlung von Anwärtern auf die höheren Staats- und Communalämter hat ihre Schattenseiten. Nur zu leicht werden dadurch die Besoldungsverhältnisse verschlechtert, das in Aussicht stehende langsame Aufrücken kann die Berufsfreudigkeit erschlaffen lassen und noch weiter rückt der Zeitpunkt, wo an die Begründung eines eigenen Herdes aus eigenen Kräften gedacht werden darf.

In diesen letztgenannten Fällen haben wir es zwar meist nicht mit einer Arbeitslosigkeit zu thun, sondern mehr mit Verdienstlosigkeit. Der Erfolg ist in beiden Beziehungen aber wohl stets derselbe.**)

Wo liegt nun die Ursache? Vielleicht in unserem ganzen Unterrichtssystem, wie denn überhaupt, je gebildeter und durchgeistigter die weitesten Volksschichten werden, bei immer leichterer Zugänglichkeit der Unterrichtsmittel ohne schärfere Berücksichtigung der Fähigkeiten, jenes Uebel der geistigen

---

*) S. hierzu: „Das Universitätsstudium in Deutschland während der letzten 50 Jahre" v. J. Conrad. Jena 1884.

**) Es liegt in der Natur der Sache, wenn die Statistik die Arbeitslosigkeit des „gebildeten Proletariats" nicht scharf zu erfassen vermag. Es sei aber darauf hingewiesen, dass die Zählung von 1895 ergab, dass in den freien Berufen (Journalisten, Lehrer, Apotheker, Künstler, Erzieher etc.) ca. 4 bis 5% der Berufsangehörigen arbeitslos waren.

Ueberproduktion mehr und mehr, langsam, aber unheimlich sicher, zu einem Krebsschaden unserer Volkswirtschaft heranwachsen wird. — Es ist sehr fraglich, ob es möglich sein wird, da heilsamen Wandel zu schaffen; eine Abschwächung dürften dagegen jene trüben Erscheinungen immerhin erfahren, wenn einmal der Zuzug zum Universitätsstudium in andere Bahnen gelenkt, und auf der anderen Seite der Besuch der Hochschule durch gesteigerte Examensanforderungen beim Verlassen der höheren Schulen erschwert würde. Denn: „richtiger ist es sicher, die Abdämmung an der Quelle zu beginnen, nicht am Ausfluss!" (Conrad)*).

Einer Erschwerung der eigentlichen Studienexamina über das durch die Entwickelung von Wissenschaft und Technik gebotene Mass hinaus, dürfte ganz und gar nicht das Wort geredet werden. Die Zahl der Proletarier unter den Gebildeten erführe nur eine Verstärkung, sodass der gewünschte Erfolg ziemlich illusorisch bliebe.**)

Um den Strom abzulenken, wird man sich die nachhaltige Förderung bezw. Verbreitung kaufmännischer Lehranstalten aller Grade, der Bürger- und Realschulen angelegen sein lassen müssen.***)

Eine eingehende Bearbeitung der Universitätsstatistik würde über die Erfolge solcher Massnahmen, welche gerade in neuerer Zeit mehrfach getroffen worden sind, den erwünschten Aufschluss geben.

---

*) J. Conrad. a. a. O. S. 236.
**) Es sei ganz abgesehen von der Thatsache, dass eine Prüfung in Examensform über die wissenschaftliche oder praktische Befähigung nur selten Auskunft zu geben vermag.
***) S. hierzu J. Conrad. S. 234 und 237 bis 243 a. a. O.

II. Abschnitt.

Massregeln zur Bekämpfung der Arbeitslosigkeit.

Als ein Hauptvorbeugemittel der Arbeitslosigkeit hat man stets die der planlosen Ueberproduktion steuernden Kartelle der Unternehmer bezeichnet. Damit würde jedoch wohl ein recht zweifelhaftes Mittel gefunden sein; denn sehr leicht kann der Fall eintreten, dass sich einige Wenige zum Schaden eines ganzen Landes zu bereichern wissen, ganz abgesehen von der schweren Schädigung des Mittelstandes infolge Fortfalls der Zwischenhändler.*)

Immerhin dürfte für unsere Frage die Beobachtung einer eigenartigen Kartellierung, welche für die englischen Kohlengruben beabsichtigt sein soll, bemerkenswert sein, da sie in der Hauptsache sich eine stetige Beschäftigung der Arbeiter zum Ziele nimmt.**) Es wird da geplant, die Arbeiter im Verhältnisse zum Kohlenpreise zu bezahlen und den Mindestpreis festzusetzen nach einem mit den Arbeitern vorher auf zwei Jahre vereinbarten Mindestlohn. Dieser wird also nicht abhängig gemacht von dem zu erzielenden Preise, sondern letzterer vom Mindestlohn. Es kann nicht geleugnet werden, dass ein derartiges Verfahren zwar für bestimmte Zeit einen bestimmten Lohn sichern würde, ob damit aber viel erreicht ist, lässt sich bestreiten; solche Experimente sind

---

*) Ausnahmen einer Preisreduzierung, wie z. B. bei der Mannheimer Petroleum-Akt.-Ges., die bei 40%/₀ Dividende das Petroleum sogar noch billiger wie vorher werden liess, können diese Ansicht nicht erschüttern, da es nicht ausgeschlossen ist, dass es sich bei der ganzen Sache nur um ein Konkurrenzgeschäft handelt.
**) S. R. E. May Jahresbericht, Berlin 1897. S. 45.

auf jeden Fall etwas gefährlich und nicht gerade nachahmenswert. Im deutschen Reiche besitzen wir übrigens mehrere bedeutende Syndikate, die sich jedoch bis jetzt noch nicht als Präventivmittel gegen Arbeitslosigkeit erwiesen haben; und m. E. kann das auch in absehbarer Zeit beim besten Willen nicht geschehen, weil unsere Industrie zum grossen Teile vom Exporthandel, vom Auslande abhängig ist. Ist es doch schon so weit gekommen, dass im Interesse der Beschäftigung der Arbeiter eine Exportprämie auf Eisen und Stahlerzeugnisse für notwendig erachtet wird.*) Wie man aber auch die Wirkungen der Unternehmerverbände beurteilen möge, auf jeden Fall können praktische Consequenzen noch nicht gezogen werden; denn die Erfahrung hat wenigstens bis jetzt noch nicht ihr gewichtiges Wort in die Wagschale werfen können.**)

Auf der Suche nach Abhülfsmassregeln gegen das Uebel der Arbeitslosigkeit haben manche Autoren***) die Verkürzung der Arbeitszeit ausgegraben. Das klingt allerdings sehr bestechend; indessen wirklich geholfen wird damit keineswegs, wenn man auch meinen sollte, dass infolge Verkürzung der Arbeitszeit die Leistungen so abnehmen, dass fast sämtliche

---

*) Am 19. Oktober 1897 hat die Versammlung westdeutscher Flusseisenproduzenten in Köln einstimmig den Beschluss gefasst: „Die Versammlung erblickt in der Gewährung von Vergütungen auf ausgeführte Eisen- und Stahlwaren ein wirksames Mittel sowohl zur Aufrechthaltung einer befriedigenden Geschäftslage, als auch insbesondere zu einer stetigen Beschäftigung unserer Arbeiterbevölkerung. Die Versammlung hofft, indem sie die bereits ausgesprochene Bereitwilligkeit des rhein.-westf. Roheisensyndikates freudig begrüsst, dass beide Verbände nunmehr zur Erreichung des gleichen Zieles eine Organisation auf breiter Grundlage schaffen werden".

**) S. auch J. Conrad Grundriss der pol. Oekon., I. Teil, II. Aufl. Jena 1897, S. 60: „Bevor man die volkswirtschaftlichen Vorteile und Gefahren übersehen kann, sind noch weitere Erfahrungen über die Entwickelung derselben abzuwarten. Man hat sich vor Ueberschätzungen nach beiden Richtungen zu hüten."

***) So J. Schikowsky „Ueber Arbeitslosigkeit und Arbeitslosenstatistik", Leizig 1895, S. 28.

Ebenso Faisst: „Versicherung gegen unverschuldete Arbeitslosigkeit", Berlin 1894. S. 24.

Arbeitslose eingestellt werden müssten, um das ehemalige Leistungsniveau wiederherzustellen. Die Praxis zeigt eben ein anderes Bild. So weist v. Schultze-Gävernitz*) in seinem Buche über die englische Baumwollspinnerei nach, dass bisher jeder Verkürzung der **Arbeitszeit** eine verhältnissmässig **grössere Arbeitsleistung** auf dem Fusse gefolgt ist. Von dieser Thatsache ist nunmehr auch die sozialdemokratische Partei überzeugt, wie aus einer Abhandlung A. Bebels**) in der „Neue Zeit" deutlich hervorgeht. Es heisst da u. a.:

„... auch für uns steht fest, dass die Hoffnung eine merkbare Mehrbeschäftigung von Arbeitern in Fabrikbetrieben durch Verkürzung der Arbeitszeit, und sei es auch auf 8 Stunden pro Tag, herbeizuführen, eine **Täuschung** ist, dass vielmehr die höhere Leistungsfähigkeit der Arbeiter und die bessere Organisation des Arbeitsprozesses in kurzer Zeit einen Ausgleich in der Produktion herbeiführen, in nicht seltenen Fällen sogar einen Ueberschuss ergeben. Etwas anders, wenn auch nicht in dem Masse, wie vielfach geglaubt wird, liegen die Verhältnisse in den handwerksmässigen Betrieben, in denen eine erhebliche Herabsetzung ein Mehr von Arbeitern erfordert, aber auch nicht entfernt im Verhältnis zur eingetretenen Verkürzung der Arbeitszeit."

Den betrübenden, oft geradezu furchtbaren Folgen der Arbeitslosigkeit hat unser humanes Jahrhundert auf die mannigfachste Weise durch Gründung von Asylen, Herbergen, Arbeiterkolonien, Arbeiterheimen, Veranstaltung von Notstandsarbeiten entgegenzutreten versucht.***) Eine eingehende Erörterung,

---

*) Ich entnehme diese Notiz dem Berichte des Ausschusses zur Vorbereitung des Arbeitslosenvers.-Antrages der deutschen Volkspartei. Frankfurt a. M. 1897.

**) „Neue Zeit", Jahrgang 1896/97, No. 40.

***) Es sei daran erinnert, dass die erste Arbeiterkolonie auf Anregung des Pastor v. Bodelschwing 1882 gegründet wurde. Zu dem Nutzen derartiger Kolonien bemerkt G. Adler sehr skeptisch: „Soviel Nutzen solche Kolonien auch im einzelnen stiften mögen, als **allgemeines Heilmittel** sind sie nicht anwendbar, denn ein grosser Teil der Arbeitslosen könnte in ihnen nicht untergebracht werden, selbst, wenn man

welche hier zu weit führen würde, kann um so eher unterbleiben, als jene genannten Werke der Barmherzigkeit noch unlängst kritische Würdigung fanden.*)

Dagegen seien den sogenannten Notstandsarbeiten noch einige Worte gewidmet. Es empfiehlt sich allerdings öffentliche Arbeiten, die im Winter, wo gewöhnlich die Not am schlimmsten wirkt, auch nach Möglichkeit in diese Jahreszeit zu verlegen. Auf derartige öffentliche Arbeiten legt Julius Wolf**) einen ganz besonderen Wert; und das wohl mit Recht. Er will die Arbeitslosen auf dem Lande damit beschäftigen, Flüsse schiffbar zu machen, unfruchtbaren Boden durch Aufforstung für die Kultur zu gewinnen, Moore und Sümpfe trocken zu legen, Dämme gegen Ueberschwemmungen aufzuwerfen, neue Kanäle zur Vervollständigung unseres mangelhaften Kanalsystems zu bauen. In der Stadt dagegen wäre nach Wolf die geeignetste Aufgabe für die Arbeitslosen: der Bau von Wohnungen für die arbeitenden Klassen, da es in allen grossen Städten, schon rein quantitativ betrachtet, daran mangelt. Wolf schliesst seine Ausführungen mit den treffenden Worten: „Ich kenne keine grössere und schönere Aufgabe für die Städte Deutschlands, als in planmässiger Verwendung der hierfür geeigneten Arbeitslosen schrittweise die Lösung ihrer Wohnungsfrage anzubahnen: durch Niederlegung alter Häuser, durch Umbau noch brauchbarer, durch Anlage neuer, bei gleichzeitiger Verbesserung ihrer sanitarischen Verhältnisse im allgemeinen." In diesen Darlegungen steckt manches Gute, aber auch manches Bedenkliche. Es sei nur darauf hingewiesen, dass der Fortbewegung grosser Arbeitermassen von Ort zu Ort hinsichtlich der verheirateten Arbeiter ganz erhebliche Schwierigkeiten im Wege stehen, wenn man die Einheit der

---

die erforderliche Zahl von Kolonien errichtete, weil nur ein kleiner Teil der gewerblichen Arbeiter zur landwirtschaftlichen Thätigkeit gebraucht werden kann." Handw. d. Staatsw. II. Aufl., Bd. I. S. 929, Jena 1898.

*) H. v. Meyerinck: „Praktische Massregeln zur Bekämpfung der Arbeitslosigkeit", Jena 1897.

**) Julius Wolf: „Die Arbeitslosigkeit und ihre Bekämpfung", Dresden 1896.

Familie wahren will. Immerhin ist den reinen Notstandsarbeiten eine grössere Aufmerksamkeit von Seiten der städtischen Verwaltungen zu schenken wie bisher. Hierbei wird es kaum möglich sein, dem Arbeitslosen stets **passende Arbeit**,*) d. h. solche, die seinem erlernten Berufe entspricht, zuzuweisen.**)

Einen ganz erheblichen volkswirtschaftlichen Nutzen wird aber in erster Linie die Ausgestaltung richtig verwalteter und eingerichteter **Arbeitsnachweise** zeitigen können. Man versteht unter dieser Art der Arbeitsvermittelung die Einrichtungen, welche bezwecken, die **vorhandenen** Arbeitsgelegenheiten zur Kenntniss derjenigen zu bringen, welche Arbeit suchen und zwischen Angebot der Arbeit und Nachfrage nach solcher eine Vermittelung herzustellen.***'

---

*) Herkner fordert für den Arbeitslosen „passende Arbeit". S.: Sozialpol. Centralblatt I. Bd. No. 110.

Ebenso Schikowsky a. a. O. S. 35 f.

G. Adler geht auch auf die Frage des „passenden Lohnes" ein und möchte dem Arbeitslosen keine Arbeit zugemutet wissen, welche in seinen Beruf fällt und weniger als den üblichen Lohn einbringt. S. Handw. d. Staatsw. II. Aufl. Bd. I. S. 930.

**) Man hat sich oft damit geholfen, schwächlichere Gewerbetreibende in bestimmte Arbeitsgruppen, an die weniger Ansprüche gestellt werden, einzustellen.

So wurden in Berlin beschäftigungslose Arbeiter mit der Anfertigung von Decken verschiedener Art, Kissen, Körben und Schuhen betraut. Der Verein gegen Armennot in Dresden beschäftigte die Arbeitslosen mit Auslesen von Kaffee und Gummi. In Düsseldorf betreibt man ausser Holzzerkleinern Strohflechten und Seegraszupfen. Bemerkenswert ist auch die Baseler Einrichtung, eine Schreibstube für Arbeitslose. Sie beschäftigte:

im Jahre 1895/96 109 Arbeitslose an 4236 Arbeitstagen zu tägl. 2,00 Mk.
„   „   1896/97 154   „   „ 6161   „   „   „ 2,25 „

Aehnliche Versuche sind in Breslau gemacht worden, und in Hamburg erklärte sich die gemeinnützige „Patriotische Gesellschaft" bereit, die Errichtung einer Schreibstube mit aller Kraft zu unterstützen. S. auch Soziale Praxis No. 4 vom 28. Oktober 1897.

***) Diese Definition stützt sich auf die Darlegungen v. Reitzensteins i. d. Schriften des deutschen Vereins für Armenpflege und Wohlthätigkeit Leipzig, Heft 4.

Der augenblickliche Zustand des Arbeitsnachweises zeigt zwar noch einige Zersplitterung, aber immerhin hat sich eine erfreuliche Wandlung auf diesem Gebiete vollzogen. Leider sind die zahlreichen bestehenden, privaten Arbeitsnachweisbureaux, welche zum Zwecke des Erwerbes gegründet sind, nur zu sehr in der Lage, die wirkliche Situation auf dem Arbeitsmarkte zu verschleiern, auch liegt bei einzelnen dieser Institute der Verdacht vor, dass ihre Geschäftsführung nicht reinlich und unbedenklich sei.*)

Die von den Vereinigungen der Arbeitgeber oder der Arbeitnehmer eingerichteten Nachweise leiden unter dem Nachteile, dass letztere selten von den Arbeitgebern, die ersteren wohl niemals aus freien Stücken von den Arbeitern benutzt werden. Hier springt der Zwiespalt und das Misstrauen dieser beiden aufeinander angewiesenen wirtschaftlichen Hauptfaktoren ganz besonders in die Augen.**)

An einen gut organisierten Arbeitsnachweis stellt Schön folgende Anforderungen: Beide Teile sollen zur Mitwirkung herangezogen werden, sodass auch beide Teile das nötige Vertrauen zu demselben haben. „Mit einer derartigen Organisation wäre der Forderung des „Rechtes auf Arbeit", soweit dies überhaupt möglich, Genüge geschehen, ohne dass die Betriebsunternehmer wieder zu einseitigen Leistungen herangezogen werden."***)

Den Schön'schen Ausführungen ist wohl entgegen zu halten, dass jenes Zusammenwirken, wenn nicht beiden Teilen ein tieferes Interesse für ihre Thätigkeit, als das von ihm angegebene, zu Grunde gelegt wird, stets nur ein erstrebenswertes, aber kaum erreichbares Ideal bleiben wird.

Bedauerlicherweise steht eben eine grosse Anzahl von

---

*) Eine sehr genaue Besprechung findet sich in den Schriften des freien deutschen Hochstiftes i. d. Bericht über den soz. Kongress, ersch. Berlin 1894.
**) S. N. Schön in „Der Arbeiterfreund", herausgeg. v. V. Böhmert, Dresden 1897, Heft II.
***) Schön ibid.

Arbeitern entweder auf einem sehr extremen*) oder unduldsamen Standpunkte. Meist sträubt **) man sich in diesen Kreisen sogar gegen die von Gemeinden eingerichteten Arbeitsnachweise, die doch weitgehenden Ansprüchen auf Neutralität genügen.

Auf der anderen Seite wird der gedeihlichen Entwickelung des Arbeitsnachweises beträchtlicher Schaden zugefügt, wenn die Arbeitgeber ihrerseits eine gerade entgegengesetzte Meinung zur Geltung bringen wollen. So nahm die Konferenz der im Hamburg-Altonaer Verband vereinigten Arbeitgeber***) eine Resolution an, die erklärte, dass im Interesse des Gross- und Kleingewerbes†) der Arbeitsnachweis von den Arbeitgebern zu organisieren und zu handhaben sei.††) Eine neue Auflage dieses merkwürdigen Beschlusses sollte bei Gelegenheit der

---

*) Die socialdemokr. Gewerkschaften ziehen folgende Consequenz: „Sind beide Einrichtungen, Arbeitsvermittelung und Arbeitslosenstatistik von Amtswegen vorhanden, so ergiebt sich (!) die Consequenz, dass notwendig den Leuten, denen keine Arbeit nachgewiesen werden kann, eine bestimmte Unterstützung gegeben werden muss." C. Legien. Schrift. d. d. Hochstiftes a. a. O. S. 83.

**) Als Stimmungsbild diene folgendes: „Eine vom Kongress der gewerkschaftlichen Gastwirtgehülfen gefasste Resolution lautet: „Die Arbeitsvermittelung gehört in die Hände der Arbeiterschaft. Dieses Ziel zu erreichen, sollte eine der Hauptaufgaben der Gewerkschaften sein. Der „neutrale" Arbeitsnachweis . . . . erscheint für den Arbeiter wenig erstrebenswert, namentlich, solange die Verwaltungen der Gemeinden in den Händen von mehr oder weniger arbeiterfeindlichen Parteien sich befinden, und solange der Selbstverwaltung der Gemeinden so enge Grenzen gezogen sind." Soz. Praxis No. 5 v. 4. Nov. 1897.

***) Arbeitsnachweiskonferenz vom 5. September 1898 in Leipzig.

†) Auf der ersten Verbandsversammlung der deutschen Arbeitsnachweise bemerkte Stadtv. Berghausen hierzu: „Wer diesem Kreise Industrieller das Recht gegeben hat, im Namen des Kleingewerbes zu sprechen, weiss ich nicht. Es scheint mir, dass das Kleingewerbe nicht vertreten war. Ich glaube als Vorsitzender des Verbandes deutscher Gewerbevereine versichern zu können, dass die Vertreter des Kleingewerbes nicht auf diesem Standpunkte stehen . . ." Schriften des Verbandes deutscher Arb.-N., No. 1 S. 111.

††) Das Nähere in „Der Arbeiterfreund" herausg. v. V. Böhmert, Berlin 1898, III. Heft S. 361.

Versammlung des Bundes der Industriellen*) herausgegeben werden. Jedoch kam es hier nicht so weit, da aus dem Kreise der Fabrikanten**) selbst energisch gegen jene Auffassung Verwahrung eingelegt wurde, da die Ausschliessung der Arbeiter von der Verwaltung der Arbeitsnachweise geradezu eine Missachtung der Gleichberechtigung der Arbeiter beim Abschluss des Arbeitsvertrages bedeute.***)

Für besonders erfolgreich dürfte auch kaum die Arbeitsvermittelung der Armenvereine und sonstiger gemeinnütziger Vereine gehalten werden, welche die Stellenvermittelung nebenher betreiben. Die Vermittelung durch Gewerbevereine und Innungen hat ebenfalls ihre Schattenseiten; sie führt nur zu leicht zu Einseitigkeiten. So bliebe als die vorläufig beste Lösung die Organisation des Arbeitsnachweises durch die Kommunen oder gemeinnützige Arbeits-Nachweisvereine mit Unterstützung durch die Gemeinden.†)

Der Versuch, den Gemeinden die Organisation des Arbeitsnachweises zu übertragen, wurde zuerst in der Schweiz gemacht.††) Die dort gegebene Anregung pflanzte sich zu-

---

*) S. darüber auch: Soz. Praxis No. 3 v. 20. Okt. 1898.

**) Fabrikant O. Weigert, Berlin, ebenso v. Studnitz.

***) Auf der am 11. Oktober in Düsseldorf abgehaltenen Versammlung des Verbandes zur Förderung d. Arbeitsnachweises im Regb. Düsseldorf bemerkte der Vorsitzende: „Durchaus verwerflich ist der Standpunkt der Arbeitgeberverbände, die die Ansicht vertreten, dass nur sie berufen und im Stande sind, die Arbeitsvermittelung richtig zu betreiben. Dieselbe Einseitigkeit ist denjenigen Arbeitervereinigungen zum Vorwurf zu machen, die die Arbeitsvermittelung nur durch Arbeiter bewirken lassen wollen und sie ausschliesslich für ihr Interesse und zu politischen Zwecken ausbeuten". Köln. Ztg. v. 13. Oktober 1898 II. Ausgabe.

†) S. auch Schönberg: Die Arbeitsvermittelung und Organisation des Arbeitsnachweises i. Handbuch d. pol. Oekonomie IV. Auflage II. Bd. 1898, S. 165.

††) Die Gemeinde Bern ging 1888 voran und Basel folgte im folgenden Jahre. G. Adler i. Handw. d. St., II. Aufl. I. Bd. S. 959.

nächst nach Süddeutschland*) fort und hat allmählich in fast allen grösseren Städten Deutschlands Anklang gefunden. „Wer den Arbeitsnachweis als Bestandteil der öffentlichen Verwaltung anstrebt, wird von der Forderung einer Uebernahme durch die Gemeinde schon deshalb nicht ablassen, weil nur auf diese Art die ausnahmslose Durchführung des neuen Verwaltungszweiges an allen Orten zu erreichen ist.**)

Einen **gesetzlichen** Zwang von Seiten des Reiches zur Einrichtung von Arbeitsnachweisen besitzen wir leider noch nicht.***) Für Preussen†) wurde jedoch den Gemeinden mit mehr als 10 000 Einwohnern zur Pflicht gemacht, nach Bedürfnis solche Nachweise ins Leben zu rufen.††) So bildete sich allmählich eine immerhin stattliche Anzahl von Anstalten heraus, die entweder reine Kommunal-Unternehmungen waren, oder aber durch gemeinnützige Vereine mit Hilfe der Gemeinden eingerichtet wurden.

Es war vorauszusehen, dass alle diese Veranstaltungen nur dann **wirkliche** Erfolge aufzuweisen haben würden, wenn sie untereinander in möglichst enge Verbindung traten.†††) Die

---

*) Der Begründer des Stuttgarter Gewerbegerichtes, Lautenschlager hat die Anlehnung des Arbeitsnachweises an das Gewerbegericht versucht.

Jastrow in: Jahrbuch f. National-Oekonomie u. Statistik herausg. v. J. Conrad. III. Folge. Bd. XVI, S. 321.

**) Jastrow a. a. O., S. 322.

***) Von den Abg. Roesicke und Pachnicke ist ein Antrag eingegangen, der einen Gesetzentwurf verlangt, welcher die Landesbehörden ermächtigt, die Gemeinden zur Errichtung von Arbeitsnachweisen anzuhalten. Arbeitsmarkt No. 4 v. 15. Januar 1899.

†) Verfügung des preuss. Handelsministers vom September 1894.

††) Es sei auch darauf hingewiesen, **dass in Bayern schon 1816** der Armenverwaltung die Einrichtung solcher Anstalten auferlegt wurde.

†††) Einen erfreulichen Anfang machte damit Bayern. Es wurden dort die lokalen Arbeitsnachweise in jedem Kreise mit einer Centrale verbunden. Der Verkehr mit auswärtigen Arbeitgebern soll direkt, der

jüngsten Bestrebungen auf diesem Gebiete gehen also dahin, dies praktisch durchzuführen und den gesamten Nachweisen durch Centralisation ein festeres Gefüge zu geben.

So ist im Februar 1898 ein nationaler „Verband deutscher Arbeitsnachweise*) begründet worden,**) welcher am 27. September desselben Jahres seine erste Verbandsversammlung abhalten konnte.***) Seine Hauptzwecke betreffen insbesondere: a) die Förderung des Austausches von Erfahrungen der einzelnen Arbeitsnachweise, vornehmlich in verwaltungstechnischen Fragen; b) die Aufstellung einer laufenden Statistik. c) die Einwirkung auf Errichtung von Arbeitsnachweisen und kleineren Vereinigungen von Angebot und Nachfrage, d) die Vermittelung des Verkehres nach aussen; e) die Veranstaltung von Konferenzen, auf denen die den Arbeitsnachweis be-

---

mit Arbeitern durch Vermittelung der Gemeindebehörden erfolgen, auch ungelernte Arbeiter werden berücksichtigt. Soziale Praxis No. 12 vom 23. Dezember 1897.

Am 1. Mai 1898 ist die Centralisierung endgiltig durchgeführt worden. Mit den bayr. stehen noch 13 württemb. Arbeitsämter in Verbindung.

*) Gegenwärtig giebt es in Deutschland fünf territoriale Verbände: Württemberg, Baden, Bayern, Reg.-Bez. Düsseldorf, Rhein-Main Verband. Zuerst ist die württembg. „Landescentralstelle für Arbeitsvermittelung" in Kraft getreten: am 1. Januar 1896. Jastrow i. d. Lehrb. f. National-Oek. a. a. O. S. 339.

**) Den Gedanken, einen dauernden Verband deutscher Arbeitsnachweise zu begründen, hat der Berliner Verein gefasst. Auf dessen Einladung begründeten am 4. Februar 1898 in Berlin die Vertreter der Arbeitsnachweise den Reichsverband. Sitz des Verbandes ist Berlin, der Vorsitzende Dr. Freund, welcher sich überhaupt um das Zustandekommen der Vereinigung lebhaft bemüht hatte. S. auch seine Mitteilung in der Soz. Praxis vom 23. Dezember 1897. No. 12.

G. Adler lässt dieser Angelegenheit leider in der II. Aufl. des Handw. d. Staatsw. eine recht kümmerliche Berücksichtigung erfahren.

***) Das Programm lautete: 1) Was können die Arbeitsnachweise dazu beitragen, der Landwirtschaft Arbeitskräfte zu erhalten und zuzuführen? 2) Arbeitsnachweisstatistik. 3) Empfiehlt sich die Gebührenfreiheit bei der Arbeitsvermittelung?

S. Schriften des Verbandes deutscher Arbeitsnachweise No. 1. Berlin 1899.

treffenden Fragen sowie Fragen auf verwandten Gebieten zur Erörterung*) kommen sollen.**)

Von den inneren Angelegenheiten der Arbeitsnachweise ist hier vielleicht noch die sogenannte „Streikklausel" und die Frage der Gebührenfreiheit zu erörtern.

Zu dem ersteren Punkte bemerkt G. Adler***) „der Ausweg (ob der Arbeitsnachweis bei Ausständen wirken soll oder nicht) kann nur darin gefunden werden, dass über jeden Streik ein Schiedsspruch gefällt werden muss — sei es nun durch den Vorstand des Nachweisbüreaus oder einer anderen Behörde, etwa des Gewerbegerichtes —, wonach dann die Entscheidung zu treffen ist." Dieser „Ausweg" ist m. E. durchaus unnötig; denn die unangenehmen Consequenzen für Arbeiter

---

*) Es ist bisher von Seiten der Arbeitsnachweisverwaltungen noch nicht versucht worden eine Verbindung mit den Organen der Armenverwaltung herzustellen, um die dort sich meldenden Arbeitslosen als diejenigen, welche einer Unterstützung am dringendsten bedürfen, zunächst unterzubringen. In Hamburg ist, wie ich den „Blättern für das Hamburg. Armenwesen" entnehme (N. 4 u. 5. April, Mai 1898) von der Armenpflege nunmehr wenigstens die Aufmerksamkeit auf die Angelegenheit gelenkt worden. Es heisst da: Zu den Aufgaben einer geordneten Armenpflege gehört nicht allein, bei vorhandener Hülfsbedürftigkeit angemessene Unterstützung zu gewähren, sondern auch darauf hinzuwirken, dass die Ursache der Hülfsbedürftigkeit wenn möglich beseitigt und der Hülfesuchende wieder in die Lage versetzt werde aus eigener Kraft den notwendigen Unterhalt zu gewinnen.

Das Armenkollegium hat nun zur Anbahnung einer näheren Verbindung mit den Arbeitsnachweisen, die Initative ergriffen und dank dem freundlichen Entgegenkommen der grossen Mehrzahl der hier bestehenden 78 Arbeitsnachweise ist es möglich gewesen, diese Verbindung in der Weise herzustellen, dass die Armenpflegeorgane alle arbeitsfähigen Hülfsbedürftigen mittels eines besonderen Formulares an die Arbeitsnachweise verweisen, während letztere sich bereit erklärt haben, die ihnen überwiesenen Arbeitslosen in die Liste der Arbeitsuchenden aufzunehmen und ihnen bei gegebener Gelegenheit Arbeit zu verschaffen, auch Mitteilung zu machen, ob der überwiesene Arbeitslose sich gemeldet hat und mit welchem Erfolge. Diese Methode verdient auf jeden Fall Nachahmung.

**) Ausführlicher Bericht über die konstituirende Versammlung in: „Arbeitsmarkt" vom Mai 1898.

***) G. Adler i. Handw. d. Staatsw. Bd. I. II. Aufl. S. 957.

und Arbeitgeber bei Ausbruch von Arbeitsstreitigkeiten werden ziemlich in Wegfall kommen, wenn der Arbeitsnachweis für keine der beiden Parteien die Thätigkeit einstellt, ja der Kampf wird durch die Wirksamkeit der Nachweise manches von seiner Schärfe verlieren. Bei der immer ausgedehnteren Verbreitung der Arbeitsnachweise und der damit gesteigerten Möglichkeit Arbeiter bezw. Arbeit zu erhalten, wird sicherlich sogar mancher Ausstand, der heute noch erfolgreich sein kann, in Wegfall kommen. Endlich hat der Arbeitsnachweis ganz und gar nicht die Aufgabe sich indirekt, wie es Adler vorschlägt, in Arbeitsstreitigkeiten zu mischen; je nach dem Schiedsspruche würde die Entfremdung des einen oder anderen Teiles eintreten d. h. der Arbeitsnachweis würde sich durch ein derartiges Verfahren selbst systematisch zu Grunde richten.

Auf dem ersten Verbandstage der deutschen Arbeitsnachweise fand auch eine Besprechung der Frage, ob Gebühren für die Benutzung der Anstalten zu entrichten seien, statt. Sie verlief ziemlich resultatlos, und die ganze Angelegenheit soll noch in einem Ausschusse erörtert werden.*)

Die Sache scheint jedoch völlig klar gestellt zu sein und eine Entscheidung dürfte nicht schwer fallen. Für ganz unangebracht muss die Gebühreneinziehung von Arbeitern gehalten werden, insbesonders jetzt im Anfangsstadium der Entwickelung unserer Arbeitsnachweise. Betrachtet man weiter die vom Arbeitgeber zu entrichtenden Beträge vom finanziellen Standpunkte, so könnte in dem Falle nur zu leicht die Anstalt auf eine schiefe Bahn gebracht werden, ganz abgesehen davon, dass bei hohen Gebühren die Arbeitgeber von dem Gebrauch der Einrichtungen abgeschreckt werden. Haben die Gebühren eine geringe Höhe, sodass ihre Summe für die Kassenumschläge von geringer Wichtigkeit sind, so sind sie als unpraktisch und belästigend überhaupt zu verwerfen. Erst dann ist der Arbeitsnachweis wirklich unabhängig, wenn er Arbeitern und Arbeitgebern in gleicher Weise unentgeltlich

---

*) S. Schriften d. Verb. Deutscher Arbeitsnachweise a. a. O. S. 115 ff.

seine Wohlthaten zuwendet und die Sorge für seine Existenz der Gemeinde oder grossen gemeinnützigen Vereinen übertragen ist. Mit der Schöpfung der Arbeitsnachweise hat die Bekämpfung der Arbeitslosigkeit eine nicht zu unterschätzende Förderung erfahren und welche sonstigen Vorkehrungen auch immer gegen jenes Uebel getroffen werden mögen, **der Arbeitsnachweis ist unter unseren wirtschaftlichen Verhältnissen eine zwingende Notwendigkeit.**

Statistische Nachweise über die Wirksamkeit der Arbeitsnachweise im Deutschen Reiche.

Tabelle der Gesamtzahlen 1896, 1897*)

Monat	1896		1897	
	Off. Stellen	Arbeitsuch.	Off. Stellen	Arbeitsuch.
Januar	13 023	23 314	15 701	23 927
Februar	14 668	21 639	16 619	23 149
März	21 629	25 453	25 773	27 881
April	21 700	25 057	23 046	25 246
Mai	18 643	24 246	23 003	27 693
Juni	21 907	27 751	23 612	26 456
Juli	20 827	27 364	26 074	29 313
August	20 473	26 153	26 659	29 605
Septemb.	23 282	28 970	28 045	29 705
Oktober	20 672	28 557	24 350	29 608
Novemb.	14 901	24 445	17 856	26 620
Dezemb.	11 817	19 436	13 041	20 012
Zusam.	223 542	302 385	262 779	319 212

Der wohlthätigen Wirksamkeit des Arbeitsnachweises sind selbst für den Fall, dass er allen, auch den höchsten Anforderungen

---

*) Nach der Zusammenstellung von J. Jastrow. S. „Arbeitsmarkt und Arbeitsnachweis in Deutschland" i. d. Jahrbüchern für National-Oek. u. Statistik. III F. 16 Bd. H. 3.

entsprechen sollte, immerhin in Bezug auf die Arbeitslosigkeit verhältnismässig enge Schranken gezogen. Es ist wohl zu bedenken, dass er nur vorhandene Arbeitsgelegenheit vermitteln kann, den leider sehr zahlreichen Arbeitslosen jedoch, für die beim besten Willen keine Arbeitsstätte offen ist, eine Hülfe nicht angedeihen lassen kann. Hier müssen also weitere Vorkehrungen getroffen werden, soll nicht der Beschäftigungslose der Armenunterstützung anheimfallen.

Um den Almosencharakter bei einer nunmehr in Frage kommenden Unterstützung möglichst zu vermeiden, hatte man zwei Wege, entweder konnte eine mehr oder minder ausgeprägte Versicherung gegen Arbeitslosigkeit eingerichtet werden, oder aber es musste in Zeiten der Beschäftigung für etwaige Notfälle durch freiwilliges oder erzwungenes Sparen vorgesorgt werden.

Eine Lösung in dem ersteren Sinne ist, da auf ein staatliches Eingreifen*) oder eine Unterstützung von Seiten

---

*) Es sei daran erinnert, dass der Gedanke einer Versicherung der Arbeiter gegen Arbeitslosigkeit schon durch Sismondi in seiner „Economie politique" 1819 eifrige Befürwortung fand. Sein Vorschlag wollte die Unternehmer in Berufsgenossenschaften organisieren, welche für die Erhaltung der Arbeiter aufzukommen hätten. Er begründete seinen Vorschlag damit, dass der Unternehmer allen Gewinn aus der Thätigkeit seiner Arbeiter zöge, folglich auch für sie bei Ungunst der Verhältnisse einzutreten hätte.

Schon lange vor Sismondi ist die Idee durch obligatorische Versicherung aller arbeitenden Personen die wichtigsten socialen Gebrechen aus der Welt zu schaffen, von Daniel Defoe in seinem „Essays on Projekts" 1697 vertreten worden. — Die Organisation dachte sich Defoe folgendermassen: In jeder Grafschaft wird eine Filiale der Versicherungsanstalt gegründet. Dort muss jeder Mensch, der sein Brot durch Arbeit verdient, gesund und weniger als 50 Jahre alt ist, eine Einschreibegebühr von 6 d und ausserdem vierteljährlich 1 sh. zahlen. Der Zwang zum Beitritt soll übrigens nur indirekt ausgeübt werden. Defoe sagt darüber: „Zwar sollte ich meinen, jedermann könnte Verstand genug haben, um die Nützlichkeit eines solchen Planes einzusehen und sich durch sein eigenes Interesse veranlasst fühlen, ihm nachzuleben: aber mancher Mensch hat

der Arbeitgeber zunächst nicht gerechnet werden konnte, von den Arbeitern selbst versucht worden. Die Anregung dazu ging von England aus, wo die Trade-Unions eine Art Arbeitslosenversicherung in ihr Programm aufnahmen und diese im Laufe der Jahre zu einer sehr bedeutsamen Entwickelung brachten. So wurden allein von 100 dieser Gewerkvereine*) nach einer Statistik der Labour Gazette**) an Arbeitslosen-

---

weniger Klugheit wie ein Tier und denkt nicht an das Alter bis es da ist. Für solche Menschen könnten diese Segensmassregeln angewandt werden. Die Gemeindeältesten und Friedensrichter sollten den ärmeren Gemeindemitgliedern amtlich bekannt machen lassen, jetzt biete sich ihnen die Möglichkeit sich selbst auf ehrenvolle Weise gegen Armut und Not zu sichern, sie würden darum von Seiten der Gemeinde keine Unterstützung zu gewärtigen haben, falls sie sich weigerten, dem Institut beizutreten. .... „Ich bitte jeden," schliesst Defoe, „den augenblicklichen Zustand des Königreiches zu betrachten und mir zu sagen, ob nicht wenn alle Leute in England 4 sh. jährlich pro Kopf in eine gemeinsame Bank zahlten, und diese gehörig rechtschaffen verwaltet würde, ob dann nicht der von den Gestorbenen und Bemittelten gezahlte Ueberschuss aller Wahrscheinlichkeit nach dazu hinreichen würde, alle etwaigen Armen zu unterhalten und Bettelei und Armut aus der Welt zu bannen."

Dieser Gedanke ist dann ein Jahrhundert später von Condorcet in seinem „Tableau historique des progrès de l'esprit humain" wieder aufgenommen worden. Doch beschränkt er sich auf kurze Andeutungen. Dieser Vorschlag Condorcets hat vermutlich Sismondi zu seinem Plane angeregt, dessen Originalität darin besteht, dass hier die Idee der Versicherung in einer den modernen socialen Verhältnissen angepassten Form erscheint.

Es ist nur beifällig zu begrüssen, dass G. Adler die Verdienste dieser fast verschollenen Socialpolitiker in seiner Abhandlung über Socialreform, der die obigen Ausführungen entnommen sind, wieder hervorgehoben hat. S. G. Adler. Supplementband II. d. Handw. d. Staatsw. S. 736. Jena 1897.

*) Nach den Angaben des „Labour Department" bestanden 1896 in England im Ganzen 1330 Gewerkvereine mit 1,487,562 Mitgliedern. Die 100 bedeutendsten Trade-Unions zählten 966,953 Mitglieder.

**) Labour Gazette No. 1. 1898.

Massregeln zur Bekämpfung der Arbeitslosigkeit.

unterstützung*) folgende Summen gezahlt:**)

	1892	1893	1894	1895	1896
Mark:	6 996 820	9 185 180	9 263 740	8 764 300	5 165 540

Es sind das in der That recht stattliche Zahlen;***) zu bedenken ist dagegen, dass jene Unterstützungen durchaus nicht gleichmässig sind; den Löwenanteil nehmen die Arbeiter der Maschinenindustrie und des Buchdruckgewerbes vorweg. Saisonarbeitslosigkeit wird nur bei einzelnen Vereinen berücksichtigt. Mit derartigen Versuchen wird zwar der Arbeitslosigkeit nicht wenig von ihren Schrecknissen genommen, aber ein allgemeines und ausreichendes Heilmittel ist darin nicht zu sehen; schon deshalb, weil die Organisationen in erster Linie für die gelernten Arbeiter Sorge tragen, zudem der Prozentsatz der in Gewerkvereinen Vereinigten nicht hoch genug ist,†) um eine umfassende Abhülfe zu treffen. Endlich sind auch der pekuniären Leistungsfähigkeit des Arbeiters bestimmte Grenzen gezogen; sein Ausgabebudget wird schon durch anderweitige Beitragszahlung in hohem Masse in Anspruch genommen. Dabei ist es doch hoch anzurechnen,

---

*) Ueberhaupt waren an der Arbeitslosenunterstützung beteiligt ca. 50% der Unions und 60,3% der Mitglieder, von allen Ausgaben wurden 21,9% für diesen Zweck in Anspruch genommen. Schanz: Zur Frage der Arbeitslosenv., Bamberg. 1895. S. 13.

**) Der Jahresprozentsatz der Arbeitslosen betrug:

1887	1888	1889	1890	1891	1892	1893	1894	1895	1896
8,2	4,9	2,1	2,1	3,5	6,3	7,5	6,0	5,8	3,4

S. F. W. Galton: „Die Fortschritte der englischen Gewerkvereine" i. d. Archiv f. Soziale Gesetzgeb. und Statistik. 1898 B, XII. S. 464

***) Biermer (s. Supplementb. II. d. Handw. d. Staatsw. S. 416. Art. Gewerkvereine) geht indessen zu weit, wenn er meint, dass für Arbeitslosenunterstützung das meiste verausgabt wurde. Die Streikunterstützung wird je nach Lage der Verhältnisse zusammen mit den Agitationskosten im Vordergrund stehen. So betrug sie z. B. 1893 11 895 590 Mk. Nach d. Labour Gazette No. 1 1898.

†) Nimmt man die Gesamtzahl der britischen Gewerkvereinler auf rund 1½ Million an, so sind etwa 15% der gewerblich beschäftigten Personen heute in Trade-Unions organisiert. Biermer: Supplementb. II. S. 416.

wenn der Arbeiter allein auf diese Weise, ohne fremden Zuschuss für die Notfälle des Lebens sich Unterhalt zu verschaffen sucht.

Diese Trade-Unions waren für unsere deutschen Arbeiterorganisationen das Vorbild. So bildeten sich im Jahr 1868 die Hirsch-Dunkerschen Gewerkvereine, welche aber erst*) seit dem Erlass des „Sozialistengesetzes" vom 20. Oktober 1878 für die Arbeitslosenversicherung thätig sind.**) Der gesamte Verband zählt nach den neuesten Angaben***) in 19 Gewerkvereinen 79 553 Mitglieder, das Vermögen beträgt ca. 2 $^1/_2$ Millionen Mark. Die einzelnen Vereine zeigen hinsichtlich der „Leistung und Gegenleistung" zum Teil erhebliche Unterschiede. Durchschnittlich zahlt die Arbeitslosenunterstützungskasse pro Tag 1,25 Mk. bei 0,10 Mk. wöchentlichem Beitrage. Die Gesamtsumme der Unterstützungen beläuft sich für 1897 auf 91 100 Mk., wobei jedoch zu beachten ist, dass hierin auch die Reise-Wander- und Uebersiedelungsbeihülfe eingeschlossen ist. Die Arbeitslosenunterstützung allein beträgt für 7477 Wochen 48 492 Mark, die an 1857 Arbeitslose zur Verteilung kamen.

So lobenswert auch die Bestrebungen dieser nicht sozialdemokratischen Arbeitervereine sind, so gering ist leider ihre praktische Bedeutung für die Arbeitslosenversicherung. Solange allerdings audere Vorkehrungen gegen Arbeitslosigkeit nicht getroffen werden, wird man derartige gewerkvereinliche Versicherungen nicht entbehren können.

---

*) Dr. Max Hirsch sagt in der Jubiläumsschrift der Gewerkvereine S. 76: „Die Vereine werden gemahnt, angesichts der Zeitlage mehr als bisher ihre grossen, positiven und praktischen Aufgabeu für das Wohl ihrer Mitglieder zu erfüllen und insbesondere durch geregelte Fürsorge bei unverschuldeter Arbeitslosigkeit zu erweitern.

**) In No. 4 d. Sozialen Praxis v. 28. Oktob. 1897 giebt Dr. Hirsch eine Art Programm der gewerkvereinlichen Aufgaben. Es heisst da u. a.: „... Gewiss legen die Gewerkvereine Wert auf ihre grösstenteils musterhaften Unterstützungseinrichtungen, worunter in erster Linie die Arbeitslosenunterstützung."

***) Arbeitsstatistik der deutschen Gewerkvereine (Hirsch-Dunker): für das Jahr 1897. Nach den Angaben der Gewerk- und Ortsvereine zusammengestellt; herausgeg. v. Dr. M. Hirsch, Berlin 1898.

Den Gewerkvereinen an Zahl weit überlegen sind die Gewerkschaften. Ihre Entwickelung zeigt folgende Tabelle.*)

Jahr	Central-Organi-sationen	In Lokal-Organisat. ca.	Gesamte Mitgliederzahl
1891	62	10 000	287 659
1892	56	7 640	244 734
1893	51	6 280	229 810
1894	54	5 550	252 044
1895	53	10 781	269 956
1896	51	5 858	335 088
1897	56	6 803	419 162

Von diesen 56 Gewerken haben aber nur 15 Verbände die Arbeitslosenunterstützung eingeführt. Diese nicht gerade erfreuliche Erscheinung sucht die Generalkommission**) der Gewerkschaften durch folgende Ausführungen zu erklären: „.. Den Gewerkschaften fehlt jede sichere Basis. Von jedem Polizeibeamten können sie aufgelöst und in ihrer Entwickelung gehindert werden (!). Ständige Sorge haben die Leiter der Organisationen das Vermögen derselben vor der Konfiskation sicher zu stellen. Unter solchen Umständen können die Gewerkschaften nur mit grösster Vorsicht grössere Vermögen, wie sie für solche Unterstützungseinrichtungen erforderlich sind, ansammeln. Erst gewähre man den Arbeitern das Recht, sich frei zu vereinigen und an der Kommunal- und Staatsverwaltung teilzunehmen, dann (?) wird der Weg für die Arbeitslosenversicherung frei sein und von den Gewerkschaften auch beschritten werden." Der eigentliche, wahre Grund ist in dieser „Erklärung" der „notleidenden" Gewerkschaften nun nicht angegeben, es wird nämlich die Arbeitslosenunterstützung dort vor allem nur verwandt, wo sie,

---

*) S: Correspondenzblatt der Generalcommission der Gewerkschaften Deutschlands, No. 31 v. 1. August 1898.
**) Correspondenzblatt No. 47, 1897 S. 2.

gewissermassen ein Mittel zu „höheren" Zwecken, geeignet ist, die Beiträge im Ganzen pünktlich einkommen zu lassen.*) Dazu kommt das in manchen Verbänden sich geltend machende Misstrauen gegen die Generalkommission. Recht bezeichnend ist in dieser Beziehung eine Aeusserung der Metallarbeiterzeitung, aus welcher hervorgeht, dass eine grosse Zahl die Einführung der Arbeitslosenunterstützung sogar direkt bekämpfen, weil das Ganze doch nur eine Lockspeise sei, um die Erhöhung der Beiträge durchzusetzen. — Trotz der verhältnismässig hohen Mitgliederzahl ist der Wirkungskreis schon deshalb sehr beschränkt weil sie, selbst wenn sämtliche 56 Verbände die Arbeitslosenunterstützung zur Durchführung brächten, damit nur 6,66% aller Berufsangehörigen**) vor Arbeitslosigkeit zu schützen versucht hätten. Im Jahre 1897 wurden nach dem Kassenberichte***) an Arbeitslose 260 316 Mark gezahlt, woran die Gewerkschaft der Buchdrucker allein mit 132 779 Mark beteiligt ist.

In den betreffenden Verbänden zeigen die Beitragsleistungen der versicherten Arbeiter wie auch die Gegenleistung der Unterstützungskasse keineswegs eine einheitliche Gestaltung; die Tagegelder schwanken zwischen 0,70—1,35 Mark, die Zahlungen der Mitglieder zwischen $7^{1}/_{2}$—30 Pfg. pro Woche.

Ebensowenig wie in den Gewerkschaften ist die Versicherung der Arbeitslosen bei den evangelischen und katholischen Arbeitervereinen für die Arbeiterschaft in ihrer Gesamtheit von Bedeutung. Alle diese Organisationen umfassen eben einen

---

*) Reichstagsabg. v. Elm erklärt in der Soz. Praxis v. 4. Nov. 1897 No. 5, dass in den Organisationen, wo Arbeitslosenunterstützung eingeführt ist, die Beiträge regelmässiger gezahlt werden. Dass die Arbeitslosenunterstützung nicht gerade zu den Hauptzwecken gehört zeigt eine Aeusserung C. Legiens: „Arbeiterorganisationen, die es ernst nehmen mit ihren Aufgaben, werden in erster Linie die wirtschaftlichen Schädigungen zu beseitigen suchen, um der Krankheit und Arbeitslosigkeit vorzubeugen." Soz. Praxis v. 18. Nov. 1897.

**) Correspondenzblatt No. 8 v. 1. Aug. 1898. S. 3.

***) Correspondenzblatt No. 8 v. 1. Aug. 1898. S. 4.

zu geringen Bruchteil sämtlicher Berufsgenossen, um eine wirklich fühlbare Wirkung ausüben zu können.*) Nichtsdestoweniger ist gerade in neuester Zeit von verschiedenen Seiten versucht worden, die Versicherung der Arbeitslosen durch die Gewerkvereine und Gewerkschaften als die glücklichste Lösung der ganzen Frage zu erklären. So hat N. Buschmann**) einen Plan zur Veröffentlichung gebracht, welcher zunächst darauf hinausgeht den Organisationen, welche Arbeitslosenunterstützung zahlen, den Charakter einer juristischen Person zu verleihen. Ein Beitrittszwang soll nicht eingeführt werden, doch sollen die Organisationen gehalten sein, jeden Arbeiter des von ihnen vertretenen Berufes, ohne Rücksicht auf seine Parteistellung, aufzunehmen. Bei Differenzen mit den Arbeitgebern sollen die Organisationen verpflichtet sein, ein unparteiisches Schiedsgericht anzurufen, ehe sie in einen Streik eintreten. Den Organisationen, welche jene Bedingungen erfüllen, soll ein Zuschuss zu den Kosten der Arbeitslosenunterstützung vom Staate selbst und von den Unternehmern durch die Berufsgenossenschaften gesichert werden. Die Berufsgenossenschaften sollen $1/4$, der Staat $1/6$ der Ausgaben decken, sodass den Gewerkschaften $7/12$ zur Deckung verbleiben. Für die Jahre 1892—94 würde sich folgendes Verhältnis ergeben: Die Gewerkvereine verausgabten für Arbeitslosenunterstützung 198964 Mark, die Gewerkschaften 2067983 Mark. Bei den ersteren hätte der Staat 33160 Mark, bei den letzteren 344663 Mark und die Berufsgenossenschaften 49741 und 516995 Mark zuzuschiessen. Der Verfasser berechnet ferner, dass, wenn die Arbeitslosen nach der Zählung des Jahres 1895 Mitglieder der Organisationen wären und unterstützt werden sollten, die Leistungen folgenden Umfang

---

*) Bei den Handlungsgehilfenvereinen handelt es sich, wenn man von dem Vereine der Kaufleute in Berlin absieht, meist um beliebige Unterstützungen, die zum grossen Teile einen Almosencharakter tragen. S. auch Schanz: Neue Beiträge zur Arbeitslosenversicherung, Berlin 1897. S. 123.
**) N. Buschmann: „Die Arbeitslosigkeit und die Berufsorganisation." Berlin 1898.

annehmen würden: Arbeitslos waren in den Berufsgruppen Industrie, Handel und Verkehr 213 391 Arbeitnehmer, wovon nach Schätzung die Hälfte, also 106 696 das ganze Jahr zu 300 Tagen gerechnet, mit durchschnittlich 1,25 pro Tag unterstützt werden müssten; die Unterstützung beträgt dann 40 011 000 Mark, wovon der Staat 6 668 500 Mark und die Berufsgenossenschaften 10 002 750 Mark zu zahlen hätten.

Auf derselben Basis wie dieser bewegt sich der Entwurf F. Schneiders,*) welcher ebenfalls, allerdings in noch höherem Masse, die Selbsthilfe der Arbeiter empfiehlt.

Ebenso erblickt auch Förster**) in der staatlichen oder kommunalen Versicherung die Gefahr einer Bevormundung der arbeitenden Klasse und sieht das Heil ebenfalls in der Selbsthilfe der Gewerkschaftsverbände.

Die genannten Autoren haben mit ihrer „Lösung" des Problems nicht einmal etwas neues geboten, da bekanntlich sowohl Brentano***) wie Herkner†) schon in mehr oder minder einseitiger Weise in jenem Sinne die Frage der Arbeitslosigkeit zum Gegenstand ihrer Untersuchungen gemacht haben. Brentano meint,††) dass die Arbeiter, welche beschäftigungslos sind, falls sie keine Arbeit zu einem bestimmten Preise fänden, doch vielleicht einer Nachfrage begegnen würden, wenn sie sich bereit finden liessen, um geringere Bezahlung zu arbeiten. So sei oft die Versicherungskasse in die Lage versetzt, festzustellen, ob es zu billigen wäre, Unterstützung zu geben, wenn das betreffende Mitglied sich weigert, unter einem bestimmten Lohnsatz zu arbeiten. Die Versicherung für den Fall der Arbeitslosigkeit infolge der allgemeinen Lage des Marktes sei also von der Versicherung

---

*) F. Schneider: „Arbeitslosenversicherung und Selbsthilfe des Arbeiterstandes." Wien 1898.
**) Förster: „Die Arbeitslosigkeit und die moderne Wirtschaftsentwickelung." Berlin 1898.
***) L. Brentano: „Die Arbeiterversicherung gemäss der heutigen Wirtschaftsordnung." Leipzig 1879.
†) Herkner: „Die Arbeiterfrage" II. Auflage, Berlin 1897, S. 136 ff.
††) L. Brentano a. a. O., S. 209.

für den Fall von Arbeitslosigkeit infolge von Arbeitsstreitigkeiten nicht trennbar. Brentano sieht deshalb einzig und allein den Gewerkverein als berufenen Träger der Arbeitslosenversicherung an.

Dazu bemerkt G. Adler*) ganz zutreffend, dass nicht abzusehen sei, weshalb der Gewerkvereinsvorstand allein das Privileg haben soll, über die Annahme angebotener Arbeit zu entscheiden und weshalb nicht andere Instanzen z. B. Behörden, die nach Art eines gewerblichen Schiedsgerichtes organisiert sind, auch dazu recht tauglich seien.

Damit allein wäre jedoch die Brentanosche Ansicht noch nicht ad absurdum geführt; denn diesbezügliche Aenderungen liessen sich leicht treffen. Der Fehler seiner Beweisführung liegt vielmehr in der Vermengung des Begriffes der Arbeitslosenunterstützung mit dem der Streikunterstützung. Brentano hebt überdies die Arbeitslosigkeit infolge von Lohndrückerei über Gebühr hervor, sodass man auf Grund seiner Ausführungen zu dem Gedanken neigen möchte, die Arbeitslosigkeit aus anderen Gründen, wie wechselnde Conjunktur, Jahreszeit, trete völlig zurück, was bis heute noch nicht zutrifft. Allerdings kann es vorkommen, dass die Brentanoschen Bedenken zur Thatsache werden. Sie werden aber stets unter der grossen Menge der Arbeitslosen im allgemeinen nur vereinzelte Fälle betreffen. Gerade diese Bedenken hätten dagegen Brentano abhalten sollen, die ganze Organisation der Arbeitslosenversicherung nur den Arbeitern, die doch Arbeitsstreitigkeiten wohl oder übel nur in ihrem Sinne beurteilen, zuzuweisen.

Ebensowenig vermag man aus den Darlegungen Herkners, eines Schülers Brentanos, den Eindruck zu gewinnen, als ob er in seiner Beweisführung glücklicher gewesen sei. Er sagt:**) „Die Stellung zu der Arbeiterversicherungsfrage ist abhängig von der Auffassung der Arbeiterfrage überhaupt. Wer in der Arbeiterfrage das Problem erblickt, eine neue

---

*) G. Adler i. Handwörterbuch d. Staatswiss. II. Aufl. Jena 1898. I. Bd. S. 928.
**) S. Herkner a. a. O. S.:

gesellschaftliche Klasse auf eine höhere Stufe des Daseins in allen menschlichen Beziehungen emporzuheben . . ., den kann die enge büreaukratische Lösung, welche unter dem Einflusse der staatssozialistischen Gedankenreihe in Dentschland versucht wird, nicht zufrieden stellen. Er wird überall der Selbstbethätigung der Arbeiter in freien Organisationen den Vorzug geben . . . . Nicht darauf, dass eine solche Einrichtung eine mechanisch vollkommene Leistung aufweist, sondern, dass sie aus den sittlichen und ordnenden Kräften gerade jener Klasse hervorgeht, deren Lebensverhältnisse zu verbessern das Ziel der ganzen Reform ist, wird dann der Hauptnachdruck zu legen sein."

In den praktischen Wissenschaften, vor allem der Sozialpolitik, kann man — das hätte sich Herkner selbst sagen müssen — mit allgemeinen Redensarten ganz und gar nichts beweisen. Es wäre vielmehr seine Aufgabe gewesen an der Hand von Beispielen, vielleicht aus dem „klassischen Lande der Selbsthilfe", England, klarzumachen, in wieweit es den dortigen Vereinigungen gelungen ist, das Uebel der Arbeitslosigkeit zu bekämpfen. Er hätte jedoch ohne Zweifel zu der Erkenntnis kommen müssen — es sei nur an die gewaltige Arbeitslosigkeit im Winter 1894/95 erinnert —, dass man sogar in England noch recht weit entfernt ist, eine berechtigten Ansprüchen genügende Arbeitslosenversicherung zu besitzen.*) Selbst, wenn man wie Herkner so gern den Staat als Helfer vermeidet, braucht man deshalb noch immer nicht in das entgegengesetzte Extrem zu verfallen; es giebt da noch einen sehr gangbaren Mittelweg, die Vereinigung der verschiedenen mitwirkenden Faktoren. Von keinem der Vertreter der „Selbsthilfe" wird endlich auf die Arbeitslosigkeit der ungelernten Arbeiter eingegangen, welche fast sämtlich nicht organisiert sind. Kann man denn Millionen von Arbeitern zählende Organisationen so ohne weiteres aus dem Boden stampfen? Und sind dann solche frischen Vereinigungen fähig

---

*) Auch G. Adler weist auf diese Thatsache hin, G. Adler a. a. O. S. 928.

die Träger so eminent wichtiger sozialer Einrichtungen zu werden, wie sie die Arbeitslosenversicherung umfasst?

Von den Befürwortern der Arbeiterselbsthilfe wird meist auch der schwerwiegende Umstand übersehen, dass wir es in Deutschland sowohl mit unpolitischen wie politischen Gewerkvereinen zu thun haben. So sehr wie die Ausdehnung der Hirsch-Dunkerschen Vereine zu fördern ist, welche H. Dietzel*) vor einiger Zeit als die beste Waffe im Kampf mit der Sozialdemokratie bezeichnete, so vorsichtig wird jede Unterstützung der sozialdemokratischen Gewerkschaften zu vermeiden sein. Leider ist es da äusserst schwer stets das Richtige zu treffen, aber entschiedene Zurückweisung muss der Buschmannsche Vorschlag erfahren, der sogar diese Gewerkschaften durch Staatsmittel unterstützen will. Seine Ansicht, dass auch die Unternehmer dazu beitragen müssten, also Organisationen zu unterstützen, die doch in erster Linie Kampforganisationen sind, ist eigentlich zu naiv, um diskutierbar zu sein.

Nur solche Vorschläge werden ihren Zweck erfüllen, welche in den Rahmen unserer einmal gegebenen wirtschaftlichen und innerpolitischen Verhältnisse hineinpassen, sonst sind sie nur zu sehr geeignet Verwirrung hervorzurufen, ja ernstgemeinte. nach dem Möglichen ringende sozial-reformatorische Bestrebungen zu diskreditieren.

Trotz der in Aussicht stehenden Schwierigkeiten hat man es versucht den Gedanken der selbständigen Versicherungskasse und zwar mit Hülfe der Kommunen auszuführen. Im Jahre 1893 entstand in Bern die auf dem Prinzip der Freiwilligkeit beruhende „Versicherungskasse gegen Arbeits-

---

*) H. Dietzel: „Der Sozialdemokratie würde aus der Gewerkvereinsbewegung der bitterste Feind erwachsen. Je mehr die Gewerkvereinsbewegung erstarkt, destomehr würde die deutsche Arbeiterbewegung den „Klassencharakter", den die Sozialdemokratie ihr um jeden Preis erhalten möchte, einbüssen!" In: Soziale Praxis No. 17 v. 27. Januar 1898.

losigkeit im Winter."*) Ihre Mitglieder zählen zwar nicht nach Tausenden, aber doch war sie in der Lage im Laufe der Jahre durchschnittlich 10000 Frcs. pro Winter an Tagegeldern auszuzahlen. Es ist wohl zu beachten, dass, wenn sie augenblicklich auch nicht einem „Notstand" abhilft,**) immerhin durch ihr Bestehen die Gelegenheit bietet, einem solchen möglichst entgegenzutreten. Zu beklagen ist es allerdings, dass die finanziellen Grundlagen der Kasse augenblicklich sehr gefährdet sind, bauen sich diese doch in der Hauptsache auf freiwilligen Schenkungen auf. Es sind, wie von der Verwaltungskommission gemeldet wird, für den Winter 1898/99 nur 618 Frcs. hinzugekommen, während augenblicklich noch 350 Arbeitslose mit über 600 Angehörigen unterhalten werden müssen.***) So ist die Lage der Anstalt eine sehr zweifelhafte, und es wird, falls nicht der Kreis der Versicherten sich bedeutend vergrössert, nichts anderes übrig bleiben, als den städtischen Zuschuss zu erhöhen, womit allerdings die Anstalt mehr und mehr zu einer Versorgungsstätte für diejenigen allein werden könnte, welche zweifellos Arbeitslosigkeit zu erwarten haben.

In jeder Beziehung misslungen ist der Versuch in St. Gallen eine Versicherungskasse mit Beitrittszwang lebenskräftig zu erhalten. Durch Beschluss der Bürgerschaftsversammlung ist die Arbeitslosenversicherung über den Juni 1897 nicht mehr fortgeführt worden. Das Einnahmedefizit betrug 4440 Mark über die vom Staat und der Gemeinde zu leistenden Beträge hinaus und ohne Anrechnung der Büreaukosten, welche von der Polizeikasse gedeckt wurden. Beim Rechnungsschlusse waren noch 1396 Mann mit Prämienzahlungen im Betrage von 4560 Mark im Rückstande. Von den Säumigen hofft man auf gerichtlichem Wege einen grossen

---

*) Ueber ihre Einrichtungen giebt die Tabelle Aufschluss, welche ausserdem einen Vergleich mit den anderen Versicherungen bezw. Versicherungs-Projekten ermöglicht.

**) G. Adler macht ihr diesen Vorwurf. Handw. d. Staatsw. a. a. O. S. 936.

***) S.: Soziale Praxis No. 16 vom 19. Januar 1899.

Teil der ausstehenden Summen noch einzutreiben. — Der Bericht der politischen Gemeinde St. Gallen über das Rechnungsjahr 1896-97 sagt dazu: „Die Arbeitslosenversicherung ist für einmal begraben, es darf aber nicht daran gezweifelt werden, dass sie in nicht gar ferner Zeit wieder aufleben wird, und es können alsdann die während der Jahre 1895-97 gemachten vielseitigen Erfahrungen bei Aufstellung neuer Normen und neuer Reglemente nützlich verwertet werden. Hoffen wir, dass alsdann eine Grundlage gefunden werde, die der Institution dauernden Bestand sichert!"

G. Adler bezeichnet nicht gerade sehr geschmackvoll die St. Gallener Versicherung als eine „Früh- und Missgeburt",*) weil man bei der eilfertigen Fabrikation des Gesetzes sich mit Studien und Berechnungen nicht weiter abgegeben habe. So sei dasselbe in den Grundlagen fehlerhaft und in den Detailbestimmungen lückenhaft gewesen.

Man kann sich in der That dem Eindruck nicht verschliessen, dass die büreau-technischen Einrichtungen dieser Anstalt manches zu wünschen übrig liessen, aber die wahre Ursache des Unterganges jener Versicherungskasse liegt etwas tiefer, sie beruht auf dem recht schroff und einseitig durchgeführten Prinzip der zwangsweisen Arbeitslosenversicherung. Dr. E. Hofmann,**) ein ausgezeichneter Kenner der schweizerischen Sozialpolitik, bemerkt zu der Angelegenheit: „Zweifelsohne würden durch die obligatorische Arbeitslosenversicherung eine ganze Menge von Arbeitern versicherungspflichtig, welche nie arbeitslos werden. Für diese wäre allerdings ein Sparzwang vorhanden, aber ein Sparzwang zu Gunsten anderer Arbeiter. Wie weit man mit dem Sparzwang in diesem Sinne kommt, kann man aus den Erfahrungen der Versicherungskasse der Stadt St. Gallen ersehen!" Sehr zutreffend betont auch Schanz,***) dass die obligatorische Versicherung

---

*) G. Adler. Handw. d. Staatsw. II. Aufl. I. Bd. S. 940.
**) F. Hofmann i. Archiv für soziale Gesetzgebung und Statistik Bd. X. 1897. S. 803.
***) S. G. Schanz: „Neue Beiträge zur Arbeitslosenversicherung." Berlin 1897. S. 46.

stets eine Quelle der Erbitterung für den besseren Teil der Arbeiterschaft bilden werde und so immer neue Missbräuche erzeugt würden. — Die traurigen Erfahrungen der St. Gallener Anstalt hätten mit logischer Konsequenz G. Adler dahin führen müssen die schweren Bedenken, welche eine obligatorische communale Versicherungskasse heraufbeschwören muss, zu erkennen und demgemäss die Ursache des Eingehens der Arbeitslosenversicherung nicht in Aeusserlichkeiten zu suchen. Nach ihm*) beweist aber die verunglückte Anstalt nichts gegen die Institution der obligatorischen Arbeitslosenversicherung, sondern nur — „gegen den Beruf St. Gallens zur sozialpolitisch-bahnbrechenden Gesetzgebung." (!) Mit derartigen Argumenten kann schliesslich das Fehlschlagen jedes Projektes entschuldigt bezw. erklärt werden.

Schon im Jahre 1893 hat man im Kanton Baselstadt den Gedanken der Arbeitslosenversicherung eifrig erörtert. Man einigte sich schliesslich 1895 über einen Entwurf einer obligatorischen Versicherung, der sich im wesentlichen auf ein Gutachten G. Adlers stützte. Bis heute ist jedoch jener Entwurf noch nicht zur Ausführung gekommen, obgleich er hinreichend genug allseitig besprochen und verbessert wurde und auch sein Urheber sich sicherlich mit der wissenschaftlichen Begründung seines Planes alle Mühe gab. Es scheint doch, als ob man sich der Tragweite einer solchen auf dem Prinzip des Zwanges beruhenden Versicherung klar geworden ist und noch weitere Erfahrungen abwartet. Oder sollte vielleicht auch Baselstadt nicht zur „bahnbrechenden sozialpolitischen Gesetzgebung" berufen sein?

In Deutschland ist ferner der von L. Sonnemann ausgearbeitete Vorschlag einer obligatorischen Arbeitslosenversicherung für das ganze Reich weiteren Kreisen bekannt geworden. Dieser Entwurf, der von der deutschen Volkspartei in das Parteiprogramm aufgenommen wurde, stützt sich in seinen Grundzügen auf die Adlerschen Vorschläge mit all' ihren Konsequenzen. Die Berücksichtigung derselben bewirkte wohl

---

*) G. Adler a. a. O. S. 941.

in erster Linie, dass man innerhalb der Partei Bedenken trug, den Entwurf in seiner ursprünglichen Fassung auf dem Parteitage im Oktober 1898 zur Besprechung zu bringen*) der ganze Plan verschwand vielmehr von der Bildfläche und man hat seitdem nichts mehr davon gehört; obgleich eine durchgreifende Erörterung nur im Interesse der ganzen Sache überhaupt gewesen wäre.**)

---

*) Erwähnt sei übrigens noch, dass der in der Tabelle angeführte Entwurf einer Züricher oblig. Versicherung trotz seiner Verbesserung gegenüber dem St. Gallener Plane nicht zur Annahme gelangt ist.

**) Ueber die Verhandlungen sind ausführliche Berichte in der „Frankfurter Zeitung" erschienen.

Die vollständige Arbeit wird demnächst im Verlage der Arbeiter-Versorgung, A. Troschel in Berlin, erscheinen.

Vita.

Natus sum Paulus Berndt in oppido Düsseldorf a. d. VII Cal. Septembris a. h. s. L. XXIV patre Paulo et uxore eius Amalia e gente Hufstadt. Fidei addictus sum evangelicae.

Litterarum elementis imbutus ad a. h. s L. XXXXV gymnasium-reale Coloniae Agrippinae frequentavi. Testimonio maturitatis instructus Bonnam me contuli, ubi per quater sex menses scholis interfui virorum doctissimorum: Dietzel, Bender, Cozack, Bergbohm, Foerster, Wilmanns, Meister, Neuhaeuser, Jacobi, v. Schulte, Gaufinez, cum linguis tum rebus oeconomico-politicis operam dans.

Deinde Halis Saxonum et litteris philosophicis et rebus politicis incubui. Docuerunt me viri illustrissimi et doctissimi: Conrad, Diehl, Friedberg, Haym, Hukerl, Sastig, Loening, v. Liszt, Kähler, Riehl, Sommerlad, Stein, Stammler, quibus omnibus praesertim praeceptoribus Conrad et Friedberg ex intimo animo gratias ago quam maximas.